Quick Guide

Reihe herausgegeben von
Springer Fachmedien Wiesbaden, Wiesbaden, Deutschland

Quick Guides liefern schnell erschließbares, kompaktes und umsetzungsorientiertes Wissen. Leser erhalten mit den Quick Guides verlässliche Fachinformationen, um mitreden, fundiert entscheiden und direkt handeln zu können.

Constantin Frank-Fahle · Roland Falder

Quick Guide Grenzüberschreitender Mitarbeitereinsatz

Wie Sie internationale Arbeitsverhältnisse rechtssicher strukturieren

2., überarbeitete und aktualisierte Auflage

Constantin Frank-Fahle
emltc
Dubai/Abu Dhabi, United Arab Emirates

Roland Falder
emltc
Dubai/Abu Dhabi, United Arab Emirates

ISSN 2662-9240　　　　　　　　ISSN 2662-9259 (electronic)
Quick Guide
ISBN 978-3-658-46291-8　　　　ISBN 978-3-658-46292-5 (eBook)
https://doi.org/10.1007/978-3-658-46292-5

Die Deutsche Nationalbibliothek verzeichnet diese Publikation in der Deutschen Nationalbibliografie; detaillierte bibliografische Daten sind im Internet über https://portal.dnb.de abrufbar.

© Der/die Herausgeber bzw. der/die Autor(en), exklusiv lizenziert an Springer Fachmedien Wiesbaden GmbH, ein Teil von Springer Nature 2021, 2024

Das Werk einschließlich aller seiner Teile ist urheberrechtlich geschützt. Jede Verwertung, die nicht ausdrücklich vom Urheberrechtsgesetz zugelassen ist, bedarf der vorherigen Zustimmung des Verlags. Das gilt insbesondere für Vervielfältigungen, Bearbeitungen, Übersetzungen, Mikroverfilmungen und die Einspeicherung und Verarbeitung in elektronischen Systemen.
Die Wiedergabe von allgemein beschreibenden Bezeichnungen, Marken, Unternehmensnamen etc. in diesem Werk bedeutet nicht, dass diese frei durch jede Person benutzt werden dürfen. Die Berechtigung zur Benutzung unterliegt, auch ohne gesonderten Hinweis hierzu, den Regeln des Markenrechts. Die Rechte des/der jeweiligen Zeicheninhaber*in sind zu beachten.
Der Verlag, die Autor*innen und die Herausgeber*innen gehen davon aus, dass die Angaben und Informationen in diesem Werk zum Zeitpunkt der Veröffentlichung vollständig und korrekt sind. Weder der Verlag noch die Autor*innen oder die Herausgeber*innen übernehmen, ausdrücklich oder implizit, Gewähr für den Inhalt des Werkes, etwaige Fehler oder Äußerungen. Der Verlag bleibt im Hinblick auf geografische Zuordnungen und Gebietsbezeichnungen in veröffentlichten Karten und Institutionsadressen neutral.

Planung/Lektorat: Irene Buttkus
Springer Gabler ist ein Imprint der eingetragenen Gesellschaft Springer Fachmedien Wiesbaden GmbH und ist ein Teil von Springer Nature.
Die Anschrift der Gesellschaft ist: Abraham-Lincoln-Str. 46, 65189 Wiesbaden, Germany

Wenn Sie dieses Produkt entsorgen, geben Sie das Papier bitte zum Recycling.

Vorwort

Das vorliegende Werk entstand aus der engen Zusammenarbeit der Autoren bei der Strukturierung zahlreicher Entsendungen von Mitarbeitern ins Ausland. Vor dem Hintergrund, dass im Rahmen des grenzüberschreitenden Mitarbeitereinsatzes zahlreiche Rechtsgebiete berührt werden, ist es ein Anliegen der Autoren, mit diesem Werk die verschiedenen Schnittstellen thematisch zu verknüpfen und eine übersichtliche Darstellung zu entwickeln. In Anbetracht der Vielzahl und Komplexität an Themen, die eine Auslandsentsendung mit sich bringt, erhebt das vorliegende Werk keinesfalls einen Anspruch auf Vollständigkeit. Vielmehr haben es sich die Autoren zur Aufgabe gemacht, die Materie greifbar zu machen und in den einzelnen Kapiteln verständlich und übersichtlich darzustellen. Dabei wird auch die mittlerweile überwundene Covid-Pandemie mit ihren Auswirkungen auf Auslandseinsätze behandelt, da sie wichtige Erkenntnisse gebracht hat, die auch künftig in vergleichbaren Fällen von Bedeutung sein werden.

Die Publikation richtet sich in erster Linie an Entscheidungsträger, die mit Fragen des Mitarbeitereinsatzes im Ausland befasst sind. Dies sind insbesondere Verantwortliche aus den Bereichen Human Resources, Recht und Steuern sowie Compliance, die in der Praxis zusammenarbeiten, um eine Auslandsentsendung erfolgreich zu gestalten.

Mit dem vorliegenden Werk erhält der Leser eine praxisorientierte und komprimierte Darstellung von Informationen zu der vertraglichen Ausgestaltung von internationalen Mitarbeitereinsätzen, Aspekten der Aufenthalts- und Arbeitserlaubnis sowie steuerlicher Aspekte. Ferner werden versicherungsrechtliche Themen sowie compliancebedingte Fragestellungen im Rahmen des grenzüberschreitenden Mitarbeitereinsatzes dargestellt.

In dieser zweiten Auflage sind nicht nur zahlreiche gesetzliche Neuregelungen berücksichtigt, sondern auch die in der Corona-Pandemie gemachten Erfahrungen.

Wir wünschen Ihnen viel Freude bei der Lektüre und sind dankbar für Anregungen, Kritik und Ergänzungsvorschläge.

Dubai/Abu Dhabi, United Arab Emirates   Constantin Frank-Fahle
August 2024   Roland Falder

Inhaltsverzeichnis

1	**Einleitung**	1
	1.1 Außenwirtschaftliche Beziehungen der deutschen Wirtschaft	2
	1.2 Gründe für den Mitarbeitereinsatz im Ausland	2
	1.2.1 Unternehmerische Gesichtspunkte	3
	1.2.2 Ziele des entsandten Mitarbeiters	6
	1.3 Die Auswirkungen von COVID-19 auf den Mitarbeitereinsatz	8
	Literatur	9
2	**Die vertragliche Gestaltung des internationalen Mitarbeitereinsatzes**	11
	2.1 Rechtsgrundlagen und Vertragstypen	11
	2.1.1 Rechtsgrundlagen	11
	2.1.2 Vertragstypen und -modelle	14
	2.2 Vertragsgestaltung	21
	2.2.1 Internationales Arbeitsrecht (Rechtswahl/Gerichtsstand)	21
	2.2.2 Wichtige Klauseln für Entsendungsverträge	24
	2.2.3 Vertragssynchronisation	36
	Literatur	37
3	**Aufenthalts- und arbeitserlaubnisrechtliche Aspekte**	39
	3.1 Investitions- bzw. lizenzrechtliche Anforderungen	40
	3.2 Arbeitserlaubnis (work permit)	41
	3.2.1 Fließender Übergang zwischen geschäftsähnlicher Tätigkeit und Arbeit	42
	3.2.2 Arbeiten ohne Arbeitsgenehmigung...................	42

3.3	Aufenthaltserlaubnis	45
3.4	Personalgestellung	45
	3.4.1 Konzerninterne Personalgestellung	46
	3.4.2 Konzernexterne Personalgestellung	46
Literatur		47

4 Steuerliche Aspekte ... 49

4.1	Einkommensbesteuerung	50
	4.1.1 Beibehaltung eines Steuerwohnsitzes im Heimatland – Doppelbesteuerungsabkommen	50
	4.1.2 Aufgabe eines Steuerwohnsitzes im Heimatland	52
	4.1.3 Gehaltssplitting/Payroll-Split	55
	4.1.4 Steuerlicher Umgang mit Allowances	56
4.2	Betriebsstättenrisiko	57
Literatur		59

5 Versicherungsrechtliche Aspekte ... 61

5.1	Sozialversicherung (EU/Abkommen/Drittstaaten)	61
5.2	Anderweitiger (privater) Versicherungsschutz	64
	5.2.1 Versicherungsstandards	64
	5.2.2 Maßnahmen im Vorfeld der grenzüberschreitenden Entsendung bezüglich eines allgemeinen Versicherungsschutzes	66
	5.2.3 Sonstige Aspekte	68
Literatur		70

6 Compliance-Anforderungen bei grenzüberschreitenden Entsendungen ... 71

6.1	Ausgangsüberlegungen	72
6.2	Spannungsfeld	75
	6.2.1 Loyalitätskonflikte	75
	6.2.2 Rechtskonflikte	78
6.3	Fürsorgepflicht des heimischen Arbeitgebers bei grenzüberschreitenden Entsendungen	82
	6.3.1 Existenz einer Fürsorgepflicht bei grenzüberschreitenden Entsendungen	83
	6.3.2 Rechtsfolgen	85
6.4	Risikomanagement	87
Literatur		91

Inhaltsverzeichnis

7 Arbeiten in der Krise 93
   7.1 Reisebeschränkungen 94
      7.1.1 Arbeitsvertrag und Entsendevereinbarung 95
      7.1.2 Entgeltfortzahlung 96
      7.1.3 Kostentragung 98
   7.2 (Temporäre) Betriebsschließung 100
      7.2.1 Allgemeines 100
      7.2.2 Rückkehrrecht des Entsandten oder Rückholpflicht des Arbeitgebers 101
   7.3 Homeoffice 102
      7.3.1 Gesetzliche Anordnung von Homeoffice-Tätigkeit 102
      7.3.2 Pflichten des Arbeitnehmers im Homeoffice 103
   7.4 Sozialversicherung und Steuern in Krisensituationen 104
      7.4.1 Kurzarbeit und Lohnersatzleistungen 104
      7.4.2 Aufenthaltsgenehmigung und Arbeitserlaubnis 105
      7.4.3 Meldepflichten 106
      7.4.4 Steuerliche Auswirkungen 107
   Literatur 111

8 Sonstige Aspekte 113
   8.1 Patientenverfügungen 114
   8.2 Erbrechtliche Aspekte – Testament 116
   8.3 Mitreisende Familienangehörige 117
   8.4 Fazit und Ausblick 120
   Literatur 121

Einleitung

> **Was Sie aus diesem Kapitel mitnehmen**
> - Wie außenwirtschaftliche Beziehungen der deutschen Wirtschaft die Entsendung von Arbeitnehmern ins Ausland mitunter voraussetzen
> - Gründe für den Mitarbeitereinsatz im Ausland aus Unternehmens- und Mitarbeiterperspektive
> - Wie sich der internationale Mitarbeitereinsatz nach der COVID-19-Pandemie verändert hat und welche Aspekte gleich geblieben sind

Internationalisierung, Globalisierung, Global Mobility – diese und ähnliche Stichworte tauchen im Zusammenhang mit der Entsendung von Arbeitnehmern ins Ausland auf. Mit der unternehmerischen Orientierung ins Ausland (z. B. durch Etablierung von Repräsentanzen, Zweigniederlassungen, Tochtergesellschaften) geht in aller Regel die Notwendigkeit einher, Arbeitnehmer für eine bestimmte Zeit im Ausland einzusetzen. Wurde früher lediglich im Rahmen von Großkonzernen eine hohe Arbeitnehmermobilität vorausgesetzt, sind heute zunehmend auch mittlere und kleine Unternehmen international aktiv und planen internationale Mitarbeitereinsätze. Somit kann der internationale Mitarbeitereinsatz nicht mehr zu den exotischen Themen innerhalb der Personalabteilung eines Unternehmens gezählt werden. Gerade für Unternehmen, die noch relativ unerfahren im Umgang mit einer Arbeitnehmerentsendung sind, ist es besonders wichtig, sich mit der Thematik intensiv auseinanderzusetzen und die einzelnen Schritte eines grenzüberschreitenden Mitarbeitereinsatzes sorgfältig zu planen, um eine Vielzahl von Problemen zu vermeiden.

© Der/die Herausgeber bzw. der/die Autor(en), exklusiv lizenziert an Springer Fachmedien Wiesbaden GmbH, ein Teil von Springer Nature 2024
C. Frank-Fahle, R. Falder, *Quick Guide Grenzüberschreitender Mitarbeitereinsatz*, Quick Guide, https://doi.org/10.1007/978-3-658-46292-5_1

1.1 Außenwirtschaftliche Beziehungen der deutschen Wirtschaft

Ein immer bedeutend werdender Teil der deutschen Wirtschaft sind die außenwirtschaftlichen Beziehungen. Der Außenhandel Deutschlands ist stark ausgeprägt, da das Land anders als viele andere Volkswirtschaften stärker mit der Weltwirtschaft verflochten und daher von deren Entwicklung abhängig ist. Mehr als jeder vierte Euro in Deutschland wird mit dem Export von Waren und Dienstleistungen verdient, mindestens jeder fünfte Arbeitsplatz hängt am Außenhandel. Die Ausfuhr von Gütern und Dienstleistungen ist daher entscheidend für die deutsche Wirtschaft. So verwundert es nicht, dass Direktinvestitionen im Ausland für den Außenhandel und die außenwirtschaftlichen Beziehungen der deutschen Wirtschaft eine wichtige Rolle spielen.

Künftig könnte die Verlagerung unternehmerischer Aktivitäten in das Ausland noch erheblich an Bedeutung gewinnen, sind doch hausgemachte Probleme wie hohe Energiekosten, Abgabenbelastungen und Fachkräftemangel ein Treiber für Auslandsinvestitionen deutscher Unternehmen.

Damit wird auch der grenzüberschreitende Einsatz von Mitarbeitern immer wichtiger. Durch die weltweiten Verflechtungen der deutschen Außenwirtschaft mit diversen Auslandsmärkten sind Unternehmen heutzutage so stark wie nie auf grenzüberschreitende Entsendungen angewiesen. Auch wenn lokale Kräfte meist günstiger sind, stellen sie oft keine vollwertige Alternative dar, da sie weder das Unternehmen, welches sie repräsentieren, kennen noch über das nötige Know-how verfügen. Letzteres gilt auch für extern rekrutierte Experten vor Ort. Daher entscheiden sich viele deutsche Unternehmen nach wie vor dafür, erfahrene eigene Mitarbeiter ins Ausland zu entsenden.

1.2 Gründe für den Mitarbeitereinsatz im Ausland

Mit einem grenzüberschreitenden Einsatz von Mitarbeitern ist der **(vorübergehende) Transfer von Erfahrungen und Export von Know-how** verbunden. Dies vorangestellt, können mehrere Gründe für einen Mitarbeitereinsatz im Ausland ausschlaggebend sein. Naturgemäß unterscheiden sich die Ziele, die mit einer Auslandsentsendung vom Unternehmen einerseits und vom Mitarbeiter andererseits verfolgt werden.

1.2.1 Unternehmerische Gesichtspunkte

1.2.1.1 Erschließung neuer Märkte durch den Aufbau neuer Standorte im Ausland

Im Rahmen des Aufbaus neuer Standorte im Ausland erscheint es im Hinblick auf die Einsparung von Kosten sowie auf eine schnellere Einarbeitung sinnvoll, bereits im Unternehmen angestellte Mitarbeiter für diese Aufgabe zu verwenden. Grundsätzlich sollte bei dem Eintritt des Unternehmens in neue Märkte und dem Aufbau neuer Standorte schnell viel Know-how vor Ort aufgebaut werden. So können sich Mitarbeiter, die bereits mit den heimischen Unternehmensabläufen vertraut sind, schneller in der Arbeitsorganisation zurechtfinden, die entsprechenden (neuen) Strukturen schaffen sowie Vorgaben der deutschen Muttergesellschaft umsetzen. Neue bzw. fremde Mitarbeiter würden sich hier innerhalb der Unternehmensstruktur und des Betriebsablaufs zunächst einmal schwertun. Gewiss bestehen auch für den entsandten Mitarbeiter Hürden, wie bspw. die Kontaktherstellung oder die Kommunikation mit neuen Kunden bzw. zu den zuständigen Behörden im Ausland (im Rahmen des Aufbaus neuer Standorte sind für die Gründung von Unternehmen entsprechende Lizenzen, Visa und Arbeitsgenehmigungen einzuholen). Diese Herausforderungen sind jedoch mit externer Hilfe und lokalen Hilfskräften gut zu bewältigen.

1.2.1.2 Konzernorganisation (nach Funktionsbereichen aufgebaute Matrixorganisation)

Die Matrixorganisation eines Konzerns ist regelmäßig davon geprägt, dass mehrere (ausländische) Tochtergesellschaften der Muttergesellschaft (mit Sitz in Deutschland) unterstehen. Die Tochtergesellschaften führen in der Regel verschiedene Produkt- und Funktionsbereiche, wobei es auch möglich ist, dass eine Tochtergesellschaft mehrere Funktionsbereiche verantwortet und/oder mehrere Produkte vertreibt. Neben dem Geschäftsführer der jeweiligen Tochtergesellschaft gibt es diverse Positionen (bspw. Funktions- bzw. Produktmanager) für die verschiedenen Funktionsbereiche und innerhalb eines jeden Produktbereichs der einzelnen Tochtergesellschaften.

1.2.1.3 Bessere Kommunikation zwischen Muttergesellschaft und ausländischer (Tochter-)Gesellschaft

Der zuständige Mitarbeiter kann sowohl bei der Muttergesellschaft als auch bei einer Tochtergesellschaft angestellt sein. Vertragsrechtlich ist es insoweit erforderlich, Klarstellungen vorzunehmen, um nicht ein kaum noch überschaubares Vertragsgeflecht zu schaffen. Regelmäßig empfiehlt sich eine klare Zuordnung von Mitarbeitern zu Auslandsgesellschaften, auch wenn unternehmensübergreifende Kompetenzen bestehen. Unabhängig von der Binnenorganisation des Unternehmens, erhofft sich die Muttergesellschaft bei einer Entsendung von Mitarbeitern in das Ausland in Anbetracht der Unternehmenszugehörigkeit und der Kenntnisse bezüglich des Betriebsablaufs von dem entsandten Mitarbeiter eine Verbesserung der Kommunikation. Hierdurch sollen (betriebswirtschaftliche) Vorgänge im betroffenen Unternehmen effektiver gestaltet werden, da dieser Mitarbeiter mit den Vorgängen des Unternehmens bereits betraut ist oder bei Bedarf auch „frischen Wind" in die Unternehmensstruktur bringen kann.

Die Kommunikation zwischen Muttergesellschaft und ausländischer Tochter leidet mitunter darunter, dass im Ausland in vielfacher Hinsicht andere Bedingungen herrschen als im Land der Muttergesellschaft. Ferner unterscheidet sich ausländisches (Führungs-)Personal oftmals vom gewohnten Standard, da Qualifikation, Sitte und Brauch sowie Arbeitsmentalität nicht immer den heimischen (deutschen) Erwartungen entsprechen. Insofern kann die vorübergehende Installation eines erfahrenen und aus der Muttergesellschaft stammenden Mitarbeiters, der zugleich mit den Gegebenheiten im Ausland vertraut ist, Abhilfe schaffen und ein Informationsgefälle ausgleichen.

Eine identische Aussage lässt sich für die Entsendung bzw. den „Austausch" von Mitarbeitern zwischen (Tochter-)Gesellschaften treffen. Auch hier erscheint es im Hinblick auf die Kostenökonomie empfehlenswert, Mitarbeiter zu entsenden, die sich schnell in die Vorgänge der „neuen" Gesellschaft einfügen sowie mit den Vorgängen im Einsatzland bestens vertraut sind, mit der Folge, dass keine Zeit für eine Eingewöhnung nötig ist. Dies gilt insbesondere dann, wenn schon eine gewisse Bindung an die Region besteht (z. B. Entsandter wechselt von Saudi-Arabien in die Vereinigten Arabischen Emirate).

1.2.1.4 Zielgerichtete Aus- und Weiterbildung von Mitarbeitern im Entsendeland sowie Erfahrungsaustausch innerhalb der Unternehmen

Ferner kann der entsandte Mitarbeiter mit seinem Know-how zur Fortbildung von Mitarbeitern und Führungskräften im Gastland eingesetzt werden. Dies hat den Vorteil, dass die Schulung nicht von externen Personen durchgeführt werden muss, sodass diesbezüglich die interne Unternehmenspolitik und die Abläufe gewahrt werden, die der entsandte Mitarbeiter kennt, sodass die Vorgaben und Kenntnisse an die neuen Mitarbeiter bzw. das Führungspersonal im Ausland weitergegeben werden können. Regelmäßig ist mit der Entsendung eines Mitarbeiters eine bessere

1.2 Gründe für den Mitarbeitereinsatz im Ausland

Kommunikation (Übertragung der Unternehmenspolitik und -abläufe) zwischen der Muttergesellschaft und der ausländischen (Tochter-)Gesellschaft verbunden.

Die Entsendung eines Mitarbeiters aus einem anderen Land bzw. einer anderen Gesellschaft des Konzerns dient auch dem Austausch von Erfahrungen. Auf diese Weise können Unternehmensabläufe und Abstimmungsprozesse optimiert werden, da untereinander die Vor- und Nachteile von bis dato unbekannten Abläufen besprochen werden können.

1.2.1.5 Akquise neuer Kunden oder Partner sowie die Verbesserung des Kontakts zu bestehenden Kunden im Zielland (Unterstützung ausländischer Einheiten vor Ort)

Die Entsendung wird jedoch nicht nur von unternehmensinternen Gesichtspunkten getragen. Gerade beim Erschließen neuer Märkte und dem Aufbau diverser Standorte ist die Akquise neuer Kunden von enormer Bedeutung. Hier können erfahrene Mitarbeiter (möglichweise haben diese bereits Erfahrung durch langjährige frühere Aufenthalte im Zielland) helfen, gewisse Verbindungen und Kontakte aufzubauen bzw. wieder aufleben zu lassen. Ebenso können auch Kontakte zu bestehenden Kunden verbessert werden, da der entsandte Mitarbeiter einen anderen Zugang zu diesen findet und ggf. veraltete Strukturen aufbricht.

Dies gilt auch für die Ausweitung eines Partnernetzwerks. So können nicht nur Kunden, sondern auch neue Partner dadurch akquiriert werden, dass im Rahmen der Geschäftsanbahnung ein erfahrener Repräsentant der Muttergesellschaft am Verhandlungstisch sitzt.

Beispiel: Erfahrener Partner im Umgang mit saudischen Partnern

Die Spezialmaschinen GmbH möchte ihr Partnernetzwerk in Saudi-Arabien ausbauen. Hierfür wird der in Deutschland angestellte P für wenige Monate in die Niederlassung nach Saudi-Arabien entsandt. P hat viele Jahre die Niederlassung geleitet und verfügt deshalb nach wie vor über Kontakte in Saudi-Arabien sowie Erfahrung im Umgang mit saudischen Geschäftspartnern. Mit Hilfe von P gelingt es dem Führungspersonal der Niederlassung der Spezialmaschinen GmbH, neue Geschäftspartner in Saudi-Arabien an Bord zu holen. ◄

1.2.1.6 Einsparung von Kosten

Das Interesse des Unternehmens liegt auch in einer Reduzierung der mit dem Auslandseinsatz verbundenen Personalkosten. Sofern für die grenzüberschreitende Entsendung ein bereits im Unternehmen tätiger Mitarbeiter gewonnen werden kann, muss nicht hierfür extra ein neuer Mitarbeiter mit einem neuen Arbeitsvertrag eingestellt werden. Zwar wird das Gehalt des Mitarbeiters bei einer Auslandsentsendung in der Regel angehoben, andererseits können durch die erhöhten Personalkosten für den entsandten Mitarbeiter andere Opportunitätskosten im Ausland eingespart werden.

1.2.2 Ziele des entsandten Mitarbeiters

Ein Auslandseinsatz – wenn auch nur von kurzfristiger Dauer – wirkt sich stets auf die persönliche Entwicklung des Mitarbeiters aus. Das Leben in einem fremden Land stellt den Mitarbeiter vor neue Herausforderungen (bspw. fremde Kultur, Sprache etc.), die es von seiner Seite zu bewältigen gilt und an denen er letztlich wachsen kann. Neben der persönlichen Erweiterung des Horizonts, der Schärfung des eigenen Profils sowie dem Kennenlernen einer fremden Kultur wird in erster Linie die karrieretechnische Komponente für den Mitarbeiter ausschlaggebend sein. Oftmals kommt dem entsandten Mitarbeiter nämlich eine größere Verantwortung im Einsatzland zu. Eine Entsendung erfolgt seitens des Unternehmens meistens vor dem Hintergrund, durch den Entsandten wichtige Entscheidungen umzusetzen, Kenntnisse zu vermitteln oder Personal zu schulen.

Zwar wird sich der Arbeitnehmer angesichts der Fürsorgepflichten des Arbeitgebers bei einem grenzüberschreitenden Einsatz nicht „allein auf weiter Flur" befinden, dennoch wird von ihm **mehr Selbstständigkeit** – sowohl in beruflicher als auch privater Hinsicht – erwartet werden. Zudem kann sich ein grenzüberschreitender Einsatz positiv auf den Lebenslauf des Arbeitnehmers auswirken und insofern dessen **Karrierechancen** unternehmensintern als auch -extern verbessern. Grundsätzlich ist mit einer Entsendung ins Ausland – sei es Führungspersonal oder normaler Arbeitnehmer – eine **größere Verantwortung** am Arbeitsplatz verbunden. Dieser Anstieg an Verantwortung macht sich gewiss auch in der Bezahlung des Mitarbeiters bemerkbar, sodass eine Entsendung in das Ausland in der Regel **Einkommenssteigerungen** auch in der Zukunft mit sich bringt. Es steht im Interesse des Arbeitnehmers, die Höhe seines Nettoeinkommens nicht nur beizubehalten, sondern durch den Auslandseinsatz zu erhöhen.

Unabhängig von der beruflichen Perspektive kann sich der Mitarbeiter für die Auslandsentsendung auch aufgrund eines privaten Interesses am Land oder fremden Kulturen entscheiden.

1.2 Gründe für den Mitarbeitereinsatz im Ausland

> Es ist jedoch möglich, dass die Ziele, welche sich Unternehmen und/oder Mitarbeiter von der Entsendung erhoffen, nicht erreicht werden, ohne dass einen der Beteiligten hieran eine Schuld trifft. Es kommt dann oftmals zum vorzeitigen Abbruch des Auslandsaufenthaltes. Hauptgrund ist nicht selten das gescheiterte Bemühen des Entsandten und/oder seines Partners/seiner Familie, sich einem neuen räumlichen, klimatischen und kulturellen Umfeld anzupassen. Für diesen Fall gilt es beiderseits Vorsorge zu treffen.

Kulturschock

Nach der Definition von *Du Bois*[1] und *Oberg*[2] handelt es sich bei einem Kulturschock um einen schockartigen Gefühlszustand, in den Menschen verfallen können, wenn sie auf eine fremde Kultur treffen. Einerseits wird der schockartige Sturz aus der Euphorie in das Gefühl, fehl am Platz zu sein (Zeitpunkt), andererseits wird hierdurch auch der gesamte Prozess der Krise, die ein Mitglied einer Kultur beim Einleben in einer anderen Kultur durchlaufen kann, beschrieben (Zeitdauer).

Ein Kulturschock baut sich durch viele kleine Vorkommnisse auf und kann sich bspw. in Heimweh und Ablehnung von allem, was mit dem Gastland zusammenhängt, äußern sowie in Erscheinungsformen wie Anspannung, Frustration, Hang zum Alleinsein und Depressionen bemerkbar machen. Sogar körperliche Symptome wie Schlafstörungen und Bluthochdruck konnten bei einigen Betroffenen beobachtet werden.

Grundsätzlich kann der Kulturschock in einen **Vier-Phasen-Zyklus** eingeteilt werden:

1. Die **Begeisterung** und Faszination durch die neue Kultur und das Fremde; dieses wird als interessant und spannend empfunden (sog. Honeymoon-Phase). Nach kurzer Zeit folgen jedoch die ersten Schwierigkeiten im Umgang mit Angehörigen der Gastlandkultur.
2. Der anfängliche Enthusiasmus weicht der Erkenntnis, dass die **Unterschiede** größer sind als anfangs angenommen, was letztlich Frustrationen und ein Gefühl der Unzulänglichkeit erzeugt (eigentlicher Fremdkulturschock/Krise). Mithin wird die eigene Kommunikationsfähigkeit angezweifelt.
3. Überwindung des Gefühls der **Isolierung** und graduelle Anpassung an die fremde Kultur. Insgesamt steigt die generelle Zufriedenheit wie auch die Zuversicht, etwaige Schwierigkeiten bewältigen zu können.

---

[1] Du Bois, Cora: „Culture Shock", from: *To Strengthen World Freedom*, Institute of International Education Special Publications Series, No. 1, New York, 1951, S. 22–24. Nachdruck in *Guidelines for Peace Corps Cross-Cultural Training*, Teil III, Supplementary Readings, Center for Research and Education, Peace Corps, Estes Park, März 1970, S. 51–54]. https://files.eric.ed.gov/fulltext/ED059939.pdf. Zugriff: 2. September 2024).

[2] Oberg, Kalvero: „Culture Shock and the Problem of Adjustment to New Cultural Environments", editierter Vortrag, in: *Guidelines for Peace Corps Cross-Cultural Training*, Teil III, Supplementary Readings, Center for Research and Education, Peace Corps, Estes Park, März 1970, S. 46–50], https://files.eric.ed.gov/fulltext/ED059939.pdf. Zugriff: 2. September 2024.

4. Das alte Orientierungssystem wird modifiziert; es erfolgt eine weitgehende **Anpassung** an Regeln und Verhaltensweisen der neuen Kultur (sog. Erholung durch Anpassung).

Dauer und Intensität des gesamten Anpassungsprozesses und der einzelnen Phasen, auch ob ein entsandter Mitarbeiter den Zyklus ein oder mehrere Male erlebt, sind nicht vorhersagbare Faktoren. Zur Vorbeugung bzw. Abmilderung eines Kulturschocks kann ein von Unternehmensseite angebotenes interkulturelles Training für Mitarbeiter und Angehörige vor der Entsendung ebenso helfen wie eine Orientierungsreise.

1.3 Die Auswirkungen von COVID-19 auf den Mitarbeitereinsatz

Der internationale Mitarbeitereinsatz stand für knapp zwei Jahre ab Anfang 2020 aufgrund der Grenzschließungen, Reise- und Ausgangsbeschränkungen sowie der staatlichen Schutzmaßnahmen bezüglich der Arbeitsorganisation von Unternehmen unter dem Einfluss von COVID-19. Infolge der Maßnahmen der jeweiligen Regierungen, gesundheitlicher Risiken und abgebrochener Unternehmensprojekte reduzierten sich grenzüberschreitende Reisen auf ein Minimum. Die Kommunikation im Unternehmen sowie zwischen Kunden/Partnern beschränkte sich meist auf die Nutzung digitaler Medien. Voraussichtlich werden Pandemien nicht zu einem Dauerzustand, dennoch wird in Zukunft damit zu rechnen sein, dass sich Krisen – sei es in politischer oder gesundheitlicher Dimension – häufen werden und außergewöhnliche Umstände eintreten, deren Beherrschung nicht möglich ist, sodass mit deren Folgen für den internationalen Mitarbeitereinsatz umzugehen sein wird. In der Corona-Pandemie haben sich drei Problemfelder herausgebildet, die es auch in zukünftigen Krisenzeiten im Rahmen der grenzüberschreitenden Entsendung zu berücksichtigen gilt.

So wird das Thema Homeoffice eine präsentere Stellung einnehmen, da in vielen Ländern (bspw. Deutschland und Österreich) Diskussionen um eine gesetzliche Anordnung von Homeoffice in Krisenzeiten angestoßen wurden. Die Thematik der Homeoffice-Tätigkeit spielt im Rahmen „gestrandeter" Mitarbeiter im Ursprungs- oder Einsatzland eine wichtige Rolle; selbst langfristig Entsandte können aufgrund lokaler Regelungen vielfach nicht von ihrem Büro aus arbeiten. Dabei müssen auch die steuerlichen Folgen eines unfreiwillig „gestrandeten" Entsandten oder eines im Heimatland gebliebenen Entsandten, der nicht in das Einsatzland zurückkehren kann oder will, berücksichtigt werden.

Grenzüberschreitende Mitarbeiterentsendungen wurden während der Pandemie teilweise verschoben oder ganz gestrichen. Allerdings sind die Tätigkeiten, für welche der Mitarbeiter entsandt werden sollte, auch in Krisenzeiten durchzuführen. So arbeiten viele entsandte Mitarbeiter in diesen Zeiten vermehrt im Heimatland und erbringen ihre Tätigkeiten – soweit möglich – für das Auslandsunternehmen von hier aus. Insofern kann von „virtuellen Entsendungen" gesprochen werden. Wie mit der Problematik um „gestrandete" Mitarbeiter, der Verschiebung von Entsandten ins Homeoffice oder den steuerlichen Implikationen umzugehen ist, soll an anderer Stelle in einem separaten Kapitel erläutert werden (Kap. 7).

Die Pandemie oder eine politische Krise können aber auch dazu führen, dass Unternehmen ihr Auslandsengagement dadurch absichern, indem weniger oder gar nicht mehr auf Geschäftsreisen gesetzt wird, sondern die Bedeutung einer permanenten Präsenz vor Ort wichtiger wird. Dies gilt umso mehr als viele administrative Vorgänge nur vor Ort umgesetzt werden können und auch im operativen Geschäft bei Wegfall von Messen und vergleichbaren Veranstaltungen der persönliche und direkte Kontakt zum Kunden und Partner noch wichtiger als bisher wird.

Ihr Transfer in die Praxis

- Unternehmen oder Personalabteilungen sollten sich im Vorfeld einer grenzüberschreitenden Entsendung über die verschiedenen Anforderungen, aber auch Problemfelder informieren und Strategien ausarbeiten
- Als Vorbereitung sollten (externe) Schulungen zugunsten des zu entsendenden Mitarbeiters und dessen Familie angeboten werden ◄

Literatur

Falder/Frank-Fahle, Entsandte Arbeitnehmer im Niemandsland – Die Corona-Krise und ihre Auswirkungen auf die Auslandstätigkeit (am Beispiel der Vereinigten Arabischen Emirate), in: COVuR 2020, 184 ff.

Freckmann, Einsatz von Arbeitnehmern im Ausland, in: RIW 2012, 662 ff.

Mauer (Hrsg.), Personaleinsatz im Ausland, 3. Aufl. 2019, München.

Reiter, Entsendung zu Tochtergesellschaften im In- und Ausland, in: NZA-Beilage 2014, 22 ff.

Thüsing, Rechtsfragen grenzüberschreitender Arbeitsverhältnisse – Grundlagen und Neuigkeiten im Internationalen Arbeitsrecht, in: NZA 2003, 1303 ff.

Die vertragliche Gestaltung des internationalen Mitarbeitereinsatzes

2

> **Was Sie aus diesem Kapitel mitnehmen**
> - Zahlreiche Themenbereiche, die sonst im Arbeitsrecht selbstverständlich sind, sind bei einer Entsendung vertraglich festzuhalten
> - Due Diligence und Koordination: Alle (notwendigen oder gewünschten) Verträge müssen detailliert geprüft werden (Widersprüche sind zu vermeiden)
> - Vorausschauendes Denken ist gefragt: Krisenfälle müssen bedacht und vertraglich geregelt werden (vom vorzeitigen Scheitern über Katastrophenfälle bis zur regulären Rückkehr des Mitarbeiters)

2.1 Rechtsgrundlagen und Vertragstypen

2.1.1 Rechtsgrundlagen

2.1.1.1 Begriffsbestimmungen

Eine einheitliche oder verbindliche Terminologie für den Einsatz von Arbeitnehmern im Ausland existiert nicht. Ganz im Gegenteil verwendet die arbeitsrechtliche Rechtsprechung und Literatur Begriffe wie Entsendung, Versetzung, Delegation und Abordnung uneinheitlich. Hinzu kommt, dass andere relevante

© Der/die Herausgeber bzw. der/die Autor(en), exklusiv lizenziert an Springer Fachmedien Wiesbaden GmbH, ein Teil von Springer Nature 2024
C. Frank-Fahle, R. Falder, *Quick Guide Grenzüberschreitender Mitarbeitereinsatz*, Quick Guide, https://doi.org/10.1007/978-3-658-46292-5_2

Rechtsgebiete wie das Steuer- und Sozialversicherungsrecht eigene Begriffsbestimmungen verwenden. Für die Zwecke dieser Darstellung ist es daher zunächst einmal zwingend, klarzustellen, welche Definitionen für die in der Praxis vorkommenden Konstellationen nachfolgend verwendet werden.

2.1.1.1.1 Geschäftsreise

Geschäftsreisen, die im Übrigen in dieser Darstellung nicht näher behandelt werden, sind kurzzeitige Auslandsaufenthalte aus primär geschäftlichen Gründen. In aller Regel erfolgt insoweit keine vertragliche Einzelfallregelung (allenfalls im Arbeitsvertrag findet sich eine allgemeine Verpflichtung zur Durchführung von Geschäftsreisen), insbesondere wird im Ausland keine neue vertragliche Beziehung begründet. In der Regel geht es um einen Auslandsaufenthalt von wenigen Stunden bis maximal wenigen Tagen nur z. B. zum Besuch von Messen, Tagungen, Geschäftspartnern oder einer Niederlassung/Tochtergesellschaft.

Maßgeblich ist der Begriff der Geschäftsreise vor allem im Aufenthaltsrecht. Insoweit können die Begriffsbestimmungen von § 16 Beschäftigungsverordnung auch zur Abgrenzung einer Geschäftsreise von einer aufenthaltstitelpflichtigen Erwerbstätigkeit herangezogen werden.

§ 16 Beschäftigungsverordnung

Keiner Zustimmung bedarf die Erteilung eines Aufenthaltstitels an Personen, die

1. bei einem Arbeitgeber mit Sitz im Inland im kaufmännischen Bereich im Ausland beschäftigt werden,
2. für einen Arbeitgeber mit Sitz im Ausland Besprechungen oder Verhandlungen im Inland führen, Vertragsangebote erstellen, Verträge schließen oder die Durchführung eines Vertrages überwachen oder
3. für einen Arbeitgeber mit Sitz im Ausland einen inländischen Unternehmensteil gründen, überwachen oder steuern,

und die sich im Rahmen ihrer Beschäftigung unter Beibehaltung ihres gewöhnlichen Aufenthaltes im Ausland insgesamt nicht länger als 90 Tage innerhalb eines Zeitraums von 180 Tagen im Inland aufhalten.

Die Formulierung richtet sich naturgemäß an Ausländer, die nach Deutschland einreisen, kann jedoch auch umgekehrt für deutsche Geschäftsreisende, die ins Ausland reisen, verwendet werden. Im Bedarfsfall muss anhand des ausländischen Rechts geprüft werden, welches Visum und welche sonstigen Dokumente benötigt werden. Im Einzelfall ist die aufenthaltsrechtliche Abgrenzung zur visumspflichtigen Erwerbstätigkeit nicht leicht. Dies betrifft jedoch nicht den Schwerpunkt dieser Darstellung.

2.1.1.1.2 Abordnung

Der Begriff der Abordnung stammt aus dem Beamten- und öffentlichen Dienstrecht und kennzeichnet eine einseitige Bestimmung eines (auch ausländischen) Tätigkeitsortes durch den Dienstherrn (Arbeitgeber) für eine verhältnismäßig kurze Zeit (bis zu maximal drei Monate). Der Begriff findet auch im Arbeitnehmerüberlassungsgesetz Verwendung, meist für die befristete Tätigkeit in Arbeitsgemeinschaften (auch im Ausland), vgl. § 1 Abs. 1a AÜG. Darüber hinaus findet sich eine Verwendung des Begriffs auch in Tarifverträgen z. B. zur projektbezogenen Tätigkeit wie Montagen und Einweisungen in die Bedienung von Maschinen und Anlagen bei einem Verkauf an einen ausländischen Kunden.

2.1.1.1.3 Versetzung/Delegation

Vorab ist klarzustellen, dass der Versetzungsbegriff im Entsendungskontext keinen Bezug zu § 95 Betriebsverfassungsgesetz (BetrVG) hat, wo es um die einseitige Zuweisung eines anderen Arbeitsbereiches durch den Arbeitgeber entweder unter erheblicher Änderung der Arbeitsumstände oder für eine Dauer von mehr als einem Monat geht, vgl. § 95 Abs. 3 BetrVG. Ganz im Gegenteil kennzeichnet den Begriff der Versetzung oder Delegation im Zusammenhang mit einer Auslandstätigkeit oft die endgültige Beendigung einer deutschen arbeitsvertraglichen Beziehung oder sogar eine ausschließliche Beschäftigung im Ausland unter Ausschluss bzw. Beendigung deutscher arbeitsvertraglicher Beziehungen. In solchen Fällen geht es also insbesondere nicht um eine einseitige Anordnung des Arbeitgebers, sondern stets um eine einvernehmliche Neuregelung der vertraglichen Beziehungen meist zwischen mehr als zwei Parteien. Dabei gibt es durchaus Modifikationen wie z. B. eine Rückkehr- oder Wiedereinstellungsgarantie des deutschen Arbeitgebers.

2.1.1.1.4 Entsendung

Der dieser Darstellung zu Grunde liegende Begriff der Entsendung erfasst jede mittel- oder längerfristige, jedoch nicht zwingend endgültige Auslandstätigkeit unter Fortbestand eines deutschen Arbeitsverhältnisses. Dabei ist es durchaus sinnvoll, insoweit zunächst auf die Regelungen des Sozialversicherungsrechts, namentlich § 4 Abs. 1 SGB IV, zurückzugreifen. Nach dieser Vorschrift liegt eine Entsendung vor, wenn der Arbeitnehmer im Rahmen eines in Deutschland bestehenden Beschäftigungsverhältnisses in das Ausland entsandt wird, wenn die Entsendung in Folge der Eigenart der Beschäftigung oder vertraglich im Voraus zeitlich begrenzt ist.

Die sozialversicherungsrechtliche Definition der Ausstrahlung ist allerdings nicht alleine maßgebend. Dies resultiert aus der unterschiedlichen Zielrichtung der verschiedenen Vorschriften. Die Unterschiede zeigen sich vor allem bei ausschließlich für die Auslandstätigkeit abgeschlossenen deutschen Arbeitsverträgen; hier wird in der Regel keine Ausstrahlung gegeben sein, dennoch kann man von einer Entsendung im Sinne dieser Darstellung sprechen.

Nicht maßgeblich für die vorgenannten Begriffsbestimmungen ist im Übrigen die Frage, ob nach den deutschen kollektivarbeitsrechtlichen Vorschriften eine Bindung fortbesteht. Ob also auch auf die Entsendungen die deutschen Betriebsvereinbarungen und/oder Tarifverträge anwendbar sind oder wie weit die Mitbestimmung des deutschen Betriebsrats reicht, ist für die Einordnung einer Tätigkeit als Auslandsentsendung nicht entscheidend.

2.1.2 Vertragstypen und -modelle

Die vertragliche Strukturierung des Auslandseinsatzes von Mitarbeitern hängt von einer Reihe von Faktoren ab. Nicht allein entscheidend ist die autonome Willensrichtung der Vertragsparteien. Die Motivation und Wünsche der Beteiligten haben zwar auf die Vertragsgestaltung einen wesentlichen Einfluss, dennoch ist der erste Ausgangspunkt die aktuelle Vertragslage. Entscheidend ist mithin zunächst einmal, ob es sich bei dem zu entsendenden Mitarbeiter um einen schon angestellten Arbeitnehmer des Unternehmens handelt oder aber um einen neu eingestellten Arbeitnehmer.

Im Falle eines bereits seit einiger Zeit für das Unternehmen tätigen Arbeitnehmers, der nunmehr, nachdem er eine Zeit lang in Deutschland gearbeitet hat, in das Ausland entsandt wird, besteht bereits ein Arbeitsvertrag, dessen Schicksal vorab geklärt werden muss.

2.1.2.1 Differenzierung nach Beschäftigungssituation (bestehende Arbeitsverhältnisse)

2.1.2.1.1 Aufhebung mit und ohne Wiedereinstellungszusage

Grundsätzlich kommt in Betracht, den deutschen Arbeitsvertrag aufzuheben und einen neuen Arbeitsvertrag mit einer Auslandsgesellschaft abzuschließen. Dies wird ein eher seltener Fall der Auslandsentsendung eines Mitarbeiters sein, da dieser bei vollständigem Abbruch der Beziehung zu dem aktuellen Beschäftigungsunternehmen auf seinen damit verbundenen sozialen bzw. rechtlichen Status, der in Deutschland nicht unbedeutend ist (z. B. Kündigungsschutz, betriebliche Altersversorgung usw.), verliert. Regelmäßig wird ein Mitarbeiter zu einer derartigen Lösung allenfalls bereit sein, wenn er im Gegenzug entweder besonders großzügige Beschäftigungskonditionen im Ausland oder aber – was häufiger der Fall sein dürfte – eine Wiedereinstellungszusage für den Fall der Beendigung der Auslandstätigkeit erhält.

Nach übereinstimmender Auffassung in der arbeitsrechtlichen Literatur handelt es sich bei der Wiedereinstellungszusage um eine atypische Willenserklärung. Eine Wiedereinstellungszusage erfordert, dass ein bestehendes Arbeitsverhältnis beendet wurde oder wird. Die Wiedereinstellung soll dann das bisher bestehende Arbeitsverhältnis zu gleichen oder veränderten Arbeitsbedingungen zu einem späteren Zeitpunkt neu begründen.

Die Rechtsqualität einer Wiedereinstellungszusage wird unterschiedlich beurteilt. Es handelt sich auch nicht etwa nur um eine akademische Frage, da es ein im Anwendungsfall durchaus entscheidender Unterschied ist, ob es lediglich einer einseitigen Erklärung des Arbeitnehmers bedarf, um die zuvor bereits gegebene Wiedereinstellungszusage zu aktivieren und wieder ein neues Arbeitsverhältnis herbeizuführen, oder aber ob (unter näheren Bedingungen) „nur" ein Anspruch auf einen neuerlichen Vertragsabschluss besteht.

Überwiegend vertreten Rechtsprechung und Literatur die Auffassung, dass mit der Abgabe einer Wiedereinstellungszusage dem Arbeitnehmer ein Optionsrecht zugesprochen werden soll. Mit der Verwendung des Begriffs „Optionsrecht" ist aber, wie die Rechtsprechungsanalyse zeigt, noch nichts gewonnen. Bei einer Option gibt es nämlich beide Varianten. Zum einen kann es sich um einen aufschiebend bedingten Vertrag handeln, der durch eine Optionserklärung (hier des Arbeitnehmers) unbedingt wird. Bei einer Wiedereinstellungszusage kann es sich aber auch um ein Vertragsangebot im Sinne von § 145 ff. BGB handeln, mit der Folge, dass ein neues Arbeitsverhältnis erst dann zustande kommt, wenn die vereinbarten Voraussetzungen hierfür vorliegen und die Parteien sich hierüber einigen. Soweit ersichtlich, geht das Bundesarbeitsgericht nicht vom Abschluss eines bedingten Optionsvertrages zwischen den Parteien aus, wenn eine Wiedereinstellungszusage vereinbart wird, sondern verlangt ein Zustandekommen eines neuen Arbeitsverhältnisses aufgrund eines Angebots und dessen Annahme (BAG, 2 AZR 580/99, Urteil vom 05.04.2001).

Bei dieser Konstellation wird man also regelmäßig davon ausgehen müssen, dass der Arbeitnehmer, der seine Wiedereinstellungszusage geltend macht, damit ein Angebot zum Abschluss eines neuen Arbeitsvertrages abgibt, dass der Arbeitgeber annehmen muss, sofern die vereinbarten Voraussetzungen vorliegen. Letztlich bedeutet dies, dass dem Inhalt der Wiedereinstellungszusage, namentlich der

Frage, wann und unter welchen Bedingungen ein neuer Vertrag zustande kommen soll, größte Bedeutung zukommt.

Einfache Einstellungszusagen, die sich lediglich darauf beschränken, dass eine spätere Neueinstellung vertraglich festgehalten wird, sind für beide Vertragsparteien mit erheblichen Risiken behaftet, daher ist hiervon dringend abzuraten. Bei einer lediglich eine allgemeine Verpflichtung beinhaltenden Klausel ist nicht einmal klar, ab wann eine Wiedereinstellung verlangt werden kann, geschweige denn zu welchen Konditionen. Gerade bei einem längerfristigen Auslandsaufenthalt muss aber doch in aller Regel damit gerechnet werden, dass sich die wirtschaftlichen und betrieblichen Verhältnisse in Deutschland ändern. In kaum einem Unternehmen wird es nach fünf Jahren noch genauso aussehen wie zum Zeitpunkt der Entsendung. Damit sind schwierige Rechtsfragen und Auseinandersetzungen vorprogrammiert.

Empfehlenswert ist in jedem Fall eine Wiedereinstellungszusage, die die Umstände genau beschreibt, unter denen dann eine Wiedereinstellung erfolgen soll. Dies gilt zunächst einmal hinsichtlich des Zeitpunkts, wobei es bei Auslandseinsätzen eher unüblich ist, eine echte Befristung vorzunehmen. Tatsächlich ist es bei Auslandsentsendungen der Regelfall, dass vielleicht auch ursprünglich befristete Entsendungen im Laufe der Zeit (mehrfach) verlängert werden. Andererseits kann es durchaus zu den zu vereinbarenden Bedingungen zählen, dass der Auslandseinsatz eine gewisse Zeit lang angedauert hat oder aber erfolgreich abgeschlossen wurde. Kaum ein Arbeitgeber wird ein Interesse daran haben, dass der Arbeitnehmer schon nach kurzer Zeit auf die Wiedereinstellung pocht, da ihm die Verhältnisse im Ausland nicht zugesagt haben.

Darüber hinaus ist es sinnvoll und empfehlenswert, eine zumindest allgemeine Regelung für das Einsatzgebiet nach der Rückkehr aus dem Ausland und das Vergütungsniveau zu haben. In Entsendungsverträgen wird insoweit oft ein sog. Schattengehalt fortgeschrieben, um die Wiedereingliederung zu erleichtern. Allerdings muss gerade für Arbeitgeber die Problematik im Blick behalten werden, dass sich die Verhältnisse ggf. auch grundlegend geändert haben können. Nicht selten findet sich in Wiedereinstellungszusagen daher auch eine „escape"-Klausel, die, sollte eine Wiedereinstellung aus betrieblichen Gründen nicht in Betracht kommen, die Möglichkeit einer Verweigerung der Wiedereinstellung ggf. auch unter Zahlung einer Abstandssumme vorsieht.

Aus Arbeitnehmersicht wird es richtig sein, die Wiedereinstellungszusage nicht allzu sehr zu entwerten; Formulierungen wie „Wir verpflichten uns, alle Möglichkeiten auszuschöpfen, Ihnen wieder einen adäquaten, vergleichbaren Arbeitsplatz in unserem Unternehmen zur Verfügung zu stellen" sind ersichtlich nicht geeignet, einen Wiedereinstellungsanspruch zu begründen. Je konkreter eine Wiedereinstellungszusage ist, desto geringer sind Auslegungsprobleme und daraus folgend gerichtliche Streitigkeiten mit ungewissem Ausgang. Auslegungsbedürftig und auslegungsfähig sind derartige Klauseln allerdings nur dann, wenn nach Wortlaut und Zweck kein eindeutiger Inhalt zu bestimmen ist. Daher ist den Wiedereinstellungszusagen, die möglichst alle denkbaren Fallkonstellationen erfassen, der Vorrang zu geben vor Klauseln, die zahlreiche auslegungsfähige Begriffe beinhalten. Aus Sicht des Arbeitnehmers sind neben den konkreten Bedingungen der Wiedereinstellung an sich auch Themen wie die Anerkennung der Betriebszugehörigkeit, die Fortgeltung einer betrieblichen Altersversorgung oder sonstiger betrieblicher Regelungen von großer Bedeutung.

Bei Wiedereinstellungszusagen ist überdies darauf zu achten, dass eindeutig bestimmt wird, wer Arbeitgeber des Arbeitnehmers ist. Behält sich das Unternehmen, bei dem der Mitarbeiter ausscheidet, um zu einem Konzernunternehmen im Ausland zu wechseln, vor, dem Arbeitnehmer während des Auslandsaufenthalts weiterhin Weisungen und dienstliche Anordnungen zu erteilen und den Arbeitnehmer ggf. auch zu einem anderen ausländischen Konzernunternehmen zu versetzen, bleibt im Zweifel das bisherige Arbeitsverhältnis bestehen. Das Bundesarbeitsgericht hat in einem solchen Fall – richtigerweise – eine doppelte Arbeitgeberstellung angenommen. Der Wiedereinstellungszusage bedurfte es somit gar nicht, der Arbeitnehmer war schlichtweg bei dem bisherigen Arbeitgeber beschäftigt geblieben (trotz schriftlicher Aufhebung des ursprünglichen Arbeitsverhältnisses).

Die Entscheidung bedeutet für die Praxis, dass die Aufhebung des bisherigen Arbeitsverhältnisses eindeutig und ohne Vorbehalt erfolgen muss, die Arbeitgeberstellung (insbesondere die Weisungsrechte) muss (ausschließlich) zu dem neuen ausländischen Arbeitgeber wechseln.

Für Arbeitnehmer ist zu beachten, dass bei Insolvenz des Arbeitgebers kein Wiedereinstellungsanspruch besteht (BAG, 6 AZR 224/21, Urteil vom 25.05.2022). Der entschiedene Fall betraf zwar keinen Auslandssachverhalt (es ging um einen Betriebsübergang), dennoch dürfte der Grundsatz auch bei einer Auslandsentsendung Anwendung finden.

Zusammenfassend lässt sich somit für eine Wiedereinstellungszusage im Zusammenhang mit einem Auslandseinsatz festhalten, dass die Klausel klar regeln sollte, unter welchen Voraussetzungen und Konditionen eine Wiedereinstellung erfolgen soll. Zudem sollte sie auch eine „escape"-Regelung enthalten, für den Fall, dass aus betrieblichen Gründen eine Wiedereinstellung nicht möglich ist. Die genaue Formulierung einer Wiedereinstellungszusage ist somit diffizil und einzelfallabhängig.

2.1.2.1.2 Grenzen des Direktionsrechts und der Änderungskündigung

Der Regelfall einer Entsendung eines bereits in Deutschland beschäftigten Mitarbeiters zieht den zusätzlichen Abschluss einer Entsendungsvereinbarung nach sich. Diese hat ihren Hintergrund zunächst einmal darin, dass es normalerweise nicht sinnvoll ist, einem Mitarbeiter eine längerfristige Auslandstätigkeit im Wege des Direktionsrechts oder durch Ausspruch einer Änderungskündigung zuzuweisen, da es doch auch wesentlich auf die Motivation bzw. positive Einstellung des Mitarbeiters ankommt.

Inwieweit es rechtlich möglich ist, eine Zuweisung per Direktionsrecht vorzunehmen, ist eine Frage des Einzelfalls. Das Bundesarbeitsgericht hat 2022 entschieden, dass Arbeitgeber im Rahmen ihres Direktionsrechts – sofern arbeitsvertraglich nicht ausgeschlossen – ihre Beschäftigten ins Ausland versetzen können (BAG, 5 AZR 336/21, Urteil vom 30.11.2022). Die Anweisung muss allerdings billig sein, d. h. die Interessen des Arbeitnehmers angemessen berücksichtigen.

In dem Fall ging es um den Piloten einer internationalen Fluggesellschaft, dessen bisheriger Standort aufgelöst wurde. Insoweit hat das BAG auch auf die Erwartungshaltung der Parteien im Hinblick auf das Berufsbild abgestellt.

Bei Führungskräften in international tätigen Unternehmen ist somit eine andere Interessenabwägung durchzuführen als etwa bei einem Facharbeiter. Eine Begrenzung des Direktionsrechts auf Arbeitsorte innerhalb der Bundesrepublik Deutschland ist dem Gesetz daher zwar nicht zu entnehmen, eine einseitige Weisung, in das (entfernte) Ausland zu ziehen, wird aber nicht selten an der Interessenabwägung scheitern.

Eine Änderungskündigung, sofern nötig (weil der Arbeitsort vertraglich festgelegt wurde), dürfte oft daran scheitern, dass es keinen Grund in Person, Verhalten oder betrieblichen Umständen gibt, die eine Auslandstätigkeit dringend erforderlich erscheinen lassen.

Neben den genannten Aspekten spielt bei einer Versetzungsklausel, die den Ort der Tätigkeit erfasst (selbst wenn in der entsprechenden Klausel ausländische Standorte benannt sind), auch eine Rolle, ob die Klausel unter Transparenzgesichtspunkten Bestand hat. Jedenfalls sollte der Vertrag sorgfältig formuliert sein, wenn diese Option bestehen soll.

2.1.2.1.3 Sonderfall: Konzernarbeitsverhältnis

Die Anordnung einer Auslandstätigkeit im Wege der Ausübung des Weisungsrechts kann im Einzelfall allerdings gerechtfertigt sein. Zu denken ist insbesondere an Konzernarbeitsverhältnisse, wenn der dem Arbeitsverhältnis zu Grunde liegende Arbeitsvertrag einen (möglicherweise sogar wechselnden) Auslandseinsatz ausdrücklich vorsieht. Bekannt sind solche Verträge vor allem aus der Reise- und

2.1 Rechtsgrundlagen und Vertragstypen

Hotelbranche, wo der Tätigkeit oft eine Ersteinstellung bei einem Konzernunternehmen zu Grunde liegt, dann aber über viele Jahre hinweg ein Einsatz an immer anderen Orten in verschiedenen Ländern erfolgt. Zum Teil muss hierbei aus ausländerrechtlichen Gründen zusätzlich auch ein lokaler Arbeitsvertrag abgeschlossen werden.

Auch bei Konzernarbeitsverhältnissen gilt die für formularmäßige Arbeitsverträge eingreifende Inhaltskontrolle nach § 307 Abs. 1 BGB, wonach eine unangemessene Benachteiligung des Arbeitnehmers zur Unwirksamkeit der solchermaßen vorgenommenen Erweiterung des Direktionsrechts führen kann. Nur sorgfältig formulierte Konzernarbeitsvertragsklauseln erweitern also das Direktionsrecht in örtlicher Hinsicht wirksam. Mindestens erforderlich sind die Vereinbarung von Ankündigungsfristen, Regelungen zur regelmäßigen Dauer und Häufigkeit von Auslandseinsätzen sowie Ausgleichsregelungen für etwaige Erschwernisse. Ohne eine Regelung, die die billigen Interessen des betroffenen Arbeitnehmers hinreichend berücksichtigt, wird keine wirksame Klausel zu begründen sein.

Schließlich ist bei einer Entsendung ins Ausland daran zu denken, dass es sich um sehr unterschiedliche Zielorte handeln kann. Die Bandbreite reicht von sehr attraktiven und begehrten Zielen bis hin zu Tätigkeiten in völlig fremden Kulturkreisen und Ländern mit erheblichen Einschränkungen des sozialen Lebens. Auch die familiären Verhältnisse des Mitarbeiters, die sich im Laufe der Zeit eines bereits seit längerem bestehenden Arbeitsverhältnisses geändert haben mögen, können eine Rolle spielen und dürfen bei der Ausübung des Direktionsrechts, soweit es überhaupt zum Zuge kommt, eine Rolle spielen.

In der Praxis spielt das Direktionsrecht bei Auslandsentsendungen keine große Rolle. Von Ausnahmefällen wie dem genannten Beherbergungsgewerbe abgesehen, wird es in aller Regel auch keinen Sinn ergeben, einen Mitarbeiter, der vom Auslandseinsatz an sich und vom Zielort nicht überzeugt ist, im Wege des Direktionsrechts zu zwingen, dort über längere Zeit seinen Lebensmittelpunkt zu begründen. In der Praxis kommt es daher in fast allen Fällen zu dem Abschluss einer Zusatzvereinbarung zum Arbeitsvertrag, der sog. Entsendungsvereinbarung.

2.1.2.2 Neue Arbeitsverhältnisse

In der Praxis kommt der Abschluss eines neuen Arbeitsvertrages in mehrfacher Variante vor. Zum einen kann es sich um die Anstellung eines neuen Mitarbeiters ausschließlich für den Einsatz in einem meist genau bezeichneten Einsatzland handeln. Der einzige Bezug zu Deutschland besteht dann in der Tatsache, dass der Arbeitgeber seinen Sitz in Deutschland hat. Diese Art der Vertragskonstellation kommt allerdings nur dort in Betracht, wo es im Ausland kein Erfordernis eines lokalen Anstellungsvertrages gibt. Zu bedenken sind stets steuerliche Rechtsfolgen, etwa durch Begründung einer steuerlichen Betriebsstätte.

Die zweite Variante ist die Einstellung eines neuen Mitarbeiters in Deutschland, der dann – meist nach kurzer Einarbeitung am deutschen Firmenstandort – ins Ausland entsandt wird. In diesem Fall ist oft eine Weiterverwendung des Mitarbeiters in Deutschland nach Abschluss des Auslandseinsatzes vorgesehen. Daher finden sich in diesen Vereinbarungen nicht selten auch die für eine Entsendung typischen Klauseln wie Rückruf, Rückkehr und Schattengehalt. Gelegentlich wird eine solche Vereinbarung auch als Stammhausbindungsvertrag bezeichnet (die Bezeichnung findet sich allerdings auch bei Entsendungsvereinbarungen; ohnehin unterscheiden sich die Vertragstypen nicht wesentlich, da es bei einer Rückkehroption nicht so sehr darauf ankommt, ob es sich um einen altgedienten oder neuen Mitarbeiter handelt).

2.1.2.3 Employer of Record

Neben den traditionellen Modellen gewinnt eine weitere Variante an Bedeutung, die insbesondere dann wichtig wird, wenn der deutsche Arbeitgeber mangels Auslandsgesellschaft oder Niederlassung keine lokale Beschäftigungsmöglichkeit hat.

In diesen Fällen ist der „Employer of Record" eine Option, von der Gebrauch gemacht werden kann. Üblich für dieses Konstrukt ist, dass ein anderes Unternehmen die rechtlichen und administrativen Aufgaben der Beschäftigung bzw. Einstellung übernimmt (bspw. Gehaltsabrechnung, Steuern, Einhaltung von Arbeitsgesetzen) und so formal die Arbeitgeberstellung übernimmt. In einer Vereinbarung zwischen deutschem Arbeitgeber und „Employer of Record" sind Einzelheiten wie Kostenaufteilung und Ausübung von Weisungsrechten geregelt. Der Arbeitnehmer verfügt dann neben einem deutschen Vertrag über einen zweiten lokalen Vertrag.

Diese Form des Personaleinsatzes birgt potenzielle Konflikte mit dem nationalen Recht, insbesondere mit dem Arbeitnehmerüberlassungsgesetz (AÜG). Das AÜG regelt in Deutschland die vorübergehende Überlassung von Arbeitnehmern durch Verleihunternehmen an Entleihunternehmen und soll die Rechte der Leiharbeitnehmer schützen und die Umgehung arbeitsrechtlicher Standards verhindern. Es stellt sich daher die Frage, ob und inwieweit das AÜG auch auf diese Fälle anwendbar ist. Daneben ist nach dem lokalen Recht des Tätigkeitsortes zu prüfen, ob diese Gestaltung zulässig ist und welche Voraussetzungen erfüllt sein müssen.

Als „Employer of Record" kommen sowohl Geschäftspartner vor Ort als auch auf dieses Modell spezialisierte Anbieter in Betracht.

2.2 Vertragsgestaltung

2.2.1 Internationales Arbeitsrecht (Rechtswahl/Gerichtsstand)

Die inhaltliche Gestaltung der Tätigkeit eines Arbeitnehmers im Ausland hängt wesentlich von der vertraglichen Grundkonstellation (wie oben beschrieben) ab. Dabei ist aus deutscher Sicht von entscheidender Bedeutung, ob eine Pflicht zum (zusätzlichen) Abschluss eines lokalen Vertrages (meist aus aufenthaltsrechtlichen Gründen) besteht. Wenn dies der Fall ist, muss als nächstes geklärt werden, ob es rechtlich zulässig ist und Sinn macht, für diesen lokalen Vertrag deutsches Recht zu wählen oder ob zwingende lokale Vorschriften anwendbar sind. Selbst dann, wenn die Wahl deutschen Rechts zulässig ist, muss anhand des internationalen Privatrechts des Beschäftigungsortes geklärt werden, ob dies sinnvoll ist oder ob (wie im umgekehrten Fall einer Tätigkeit in Deutschland) nicht ohnehin zahlreiche zwingende lokale Vorschriften anwendbar sind.

Vorstehende Überlegungen begrenzen oft den Gestaltungsspielraum, insbesondere bei zwingend notwendigen lokalen Verträgen.

Mehr Gestaltungsspielraum besteht regelmäßig bei echten Entsendungen im Rahmen eines deutschen Arbeitsverhältnisses. Der ursprüngliche Arbeitsvertrag, der unter Umständen schon Jahre oder Jahrzehnte besteht, reicht regelmäßig nicht aus, da er keine Regelungen zu dem Auslandseinsatz enthält. Dementsprechend wird in der Praxis eine Zusatzvereinbarung, meist „Entsendungsvereinbarung" genannt, getroffen. Diese regelt die Details des Auslandseinsatzes. Dabei handelt es sich *nicht* – was in der Praxis auch bei großen Unternehmen oft übersehen wird – um eine gesonderte, vom bestehenden Arbeitsvertrag getrennt zu sehende Vertragsvereinbarung, sondern um eine Ergänzungs- bzw. Änderungsvereinbarung zum bestehenden Arbeitsvertrag. Nicht selten finden sich in Entsendungsvereinbarungen Kündigungsklauseln oder Ähnliches, als ob es sich bei der Entsendungsvereinbarung um einen weiteren Arbeitsvertrag zwischen denselben Vertragspartnern handeln würde. Tatsächlich gibt es zwischen Arbeitgeber und Arbeitnehmer nur *ein* Arbeitsverhältnis.

Dies gilt im Übrigen auch, wenn der bestehende Arbeitsvertrag ruhend gestellt wird. Ohnehin ist der Begriff des „Ruhens" im Zusammenhang mit Auslandstätigkeiten schillernd. Meist ist damit nämlich nur gemeint, dass der Arbeitnehmer seine bisherige Tätigkeit in Deutschland (zeitweise) nicht ausübt und hierfür von seinem deutschen Arbeitgeber kein Entgelt erhält. Schon letzteres ist vielfach nicht der Fall, da ein lokaler Vertragspartner oder eine lokale Tochtergesellschaft oftmals nicht die typischerweise in Entsendungsvereinbarungen geregelten Zusatzleistungen trägt. Auch verzichtet der deutsche Vertragsarbeitgeber in der Regel nicht vollständig auf Weisungsrechte (zu denken ist zum Beispiel an den vorzeitigen Rückruf aus betrieblichen Gründen) und behält sich vor, Berichte und Informationen des im Ausland tätigen Mitarbeiters zu erhalten. Eine vollständige Kappung der arbeitsrechtlichen Beziehungen wie bei einem echten Ruhen ist auch aus sozialversicherungsrechtlicher Sicht oftmals gar nicht gewünscht. Würde der deutsche Vertrag wirklich vollständig ruhen, läge nämlich keine Ausstrahlung im Sinne des SGB IV vor und eine Fortgeltung der deutschen sozialversicherungsrechtlichen Regelungen (die von vielen Arbeitnehmern gewünscht wird) wäre komplex und bedürfte einer detaillierten vertraglichen Regelung.

Die in vielen größeren Unternehmen üblichen Entsenderichtlinien oder auch Betriebsvereinbarungen zur Auslandsentsendung sind in der Regel nicht zielführend bei der Bestimmung des anwendbaren Rechts. Sie sind nämlich (naturgemäß) auf der Basis deutschen Rechts gefertigt und können gar nicht alle denkbaren Fallkonstellationen erfassen und abbilden.

Zunächst ist somit nach deutschem/internationalem Privatrecht eine Bestimmung des gewöhnlichen Arbeitsorts vorzunehmen, wobei es im Falle von Entsendungen nach Art. 8 Abs. 2 S. 2 Rom-I-VO, also im Falle von Entsendungen, die nur vorübergehend sind, bei der Anwendbarkeit des Heimatrechts verbleibt. Hilfskriterien nach der Rom-II-VO sind die einstellende Niederlassung und die engere Verbindung zu einem der beteiligten Staaten.

Das Problem bei einem außereuropäischen Einsatz besteht darin, dass das anwendbare ausländische Recht andere Anknüpfungspunkte vorsehen kann. Daher ist es in jedem Fall empfehlenswert, das ausländische Recht daraufhin zu prüfen, welche Vorschriften dort in Ermangelung einer Rechtswahl gelten und welche zwingenden lokalen Bestimmungen existieren, um Klarheit zu schaffen, welches Recht auf die Entsendung anwendbar ist.

Soweit eine Rechtswahl vorgenommen wird, ist nach deutschem und europäischem Recht eine solche Rechtswahl grundsätzlich zulässig und zu beachten. Allerdings gibt es diverse Schranken, insbesondere arbeitsrechtsspezifische Schranken, die Schranke der Eingriffsnormen und den Ordre Public. Letztlich bedeutet dies, dass dem Arbeitnehmer durch eine getroffene Rechtswahl nicht zwingende, ihm günstigere Rechtspositionen, die ansonsten anwendbar wären, genommen werden dürfen.

Zu beachten ist hierbei unter Umständen auch die Entsenderichtlinie der Europäischen Union 96/71/EG über die Entsendung von Arbeitnehmern. Die Richtlinie findet Anwendung auf Arbeitnehmer, die von einem Unternehmen in einem EU-Mitgliedstaat vorübergehend in einen anderen Mitgliedstaat entsandt werden,

2.2 Vertragsgestaltung

um dort Dienstleistungen zu erbringen. Für diesen Fall schreibt die Richtlinie Mindeststandards für Arbeits- und Beschäftigungsbedingungen vor, die im Gastland für die entsandten Arbeitnehmer gelten. Hierzu gehören etwa Höchstarbeitszeiten, Mindestlohn, Urlaubsanspruch sowie Arbeitsbedingungen.

Wiederum gilt, dass diese Grundsätze nur bei Entsendungen innerhalb des Geltungsbereichs der Rom-I-VO uneingeschränkt anwendbar sind. Zwar finden diese Grundsätze auch dann Anwendung, wenn auf die Rechtsordnung eines Nichtmitgliedstaats verwiesen wird, jedoch sind Drittstaaten hieran nicht gebunden, auch wenn viele internationale Privatrechtsordnungen ähnlich strukturiert sind. Daher gilt auch hier: Ohne Kenntnis des (außereuropäischen) Rechts ist eine sichere Vertragsgestaltung nicht möglich. Dies gilt natürlich erst recht, wenn zwei parallele Vertragsverhältnisse vorliegen, mithin das Erfordernis eines lokalen zusätzlichen Vertrages besteht. Hier muss nicht nur der lokale Vertrag den arbeitsrechtlichen Vorschriften des Einsatzlandes entsprechen, sondern auch eine genaue Anpassung an die dann vielleicht dem Recht des Heimatlandes unterliegende Entsendungsvereinbarung vorgenommen werden.

Eine von dem anwendbaren Recht getrennt zu sehende Thematik ist die Frage des Gerichtsstandes. Es ist eine im Streitfall oft entscheidende Frage, welches Gericht in welchem Land für eine Entscheidung zuständig ist. In jedem Fall vermieden werden sollte, dass es zu zwei (sich unter Umständen widersprechenden) Entscheidungen in den betreffenden Staaten kommt. Dabei ist nicht nur zu überlegen, welche rechtlichen Schranken für eine Wahl des Gerichtsstands bestehen mögen. Es bedarf darüber hinaus einer genauen Kenntnis der Gerichtspraxis, namentlich einer Prüfung, welche Grundsätze ein Gericht hinsichtlich der Anwendbarkeit des materiellen Rechts verfolgt. Eine noch so sorgfältige Rechtswahl zugunsten des deutschen Rechts, mag sie auch zulässig sein, ist wenig hilfreich, wenn die Gerichte in dem Einsatzland eine solche Rechtswahl in der Praxis regelmäßig ignorieren.

Hinzu kommt, dass auch auf die Möglichkeiten der Vollstreckung geachtet werden muss. Die positivste Entscheidung eines deutschen Gerichts ist wertlos, wenn der Vollstreckungsschuldner im Inland kein Vermögen besitzt und der Titel im Einsatzland nicht anerkannt und vollstreckt werden kann. Vergleichsweise leicht zu überschauen ist wiederum die Rechtslage in Europa, wo mit dem Europäischen Gerichtsstands- und Vollstreckungsübereinkommen (EuGVÜ) eine verbindliche Regelung zur Anerkennung von gerichtlichen Titeln besteht. Im außereuropäischen Ausland kommt es entscheidend darauf an, ob und welches internationale Abkommen verifiziert wurde und wie es angewandt wird.

Es lässt sich somit festhalten, dass Gerichtsstandsklauseln grundsätzlich sinnvoll sind, um eine doppelte Rechtshängigkeit zu vermeiden, jedoch einer umfassenden Prüfung der Rechtslage unter allen vorstehend angesprochenen Gesichtspunkten bedürfen.

2.2.2 Wichtige Klauseln für Entsendungsverträge

2.2.2.1 Weisungsrechte und Berichtspflichten

Der Themenkomplex der Weisungsrechte und der Berichtspflichten wird gerne vernachlässigt, ist aber zur Vermeidung von Konflikten und auch aus rechtlicher Sicht bedeutsam.

Zunächst einmal kann die Thematik, ob und wer dem Entsandten Weisungen erteilen kann bzw. wem er unterstellt ist, eine Reihe von Fragen aufwerfen. Dies gilt insbesondere, wenn im Einsatzland die Eingliederung in eine betriebliche Organisation erfolgt, sei es ein mit dem Arbeitgeber verbundenes Unternehmen oder ein Unternehmen eines örtlichen Geschäftspartners. Gerade wenn kein Erfordernis eines lokalen Vertrages besteht, können Unterstellungen oder die Ausübung von Weisungsrechten zu einem „dual employment", also einem weiteren Arbeitsverhältnis führen, auch wenn dies den Parteien nicht bewusst ist. Damit können komplexe Fragen des Arbeitsrechts, vor allem aber des Sozialversicherungsrechts verbunden sein. Auch steuerrechtlich kann die ungewollte Begründung einer Betriebsstätte vorliegen (Abschn. 4.2). Vorsicht und Beratung vor Ort sind also unerlässlich.

Aus deutscher Sicht ist insbesondere das Sozialversicherungsrecht im Blick zu behalten. Sofern eine Ausstrahlung im Sinne des deutschen Sozialversicherungsrechts (und etlicher Sozialversicherungsabkommen) nicht gewünscht ist, sollten Berichtspflichten und Weisungsrechte (des Vorgesetzten aus der Heimat) vermieden werden, da ansonsten kein wirklich ruhendes Arbeitsverhältnis vorliegt.

2.2.2.2 Vergütung/Zusatzversicherungen

Auch die Vergütung des entsandten Mitarbeiters ist oftmals eine komplexe Angelegenheit.

Dabei ist hier nicht die regelmäßig auch komplizierte Versteuerung der Bezüge gemeint, sondern die zahlreichen Fragen um die Berechnung und Auszahlung der Vergütung. Nicht selten ist ein Gehaltssplit gewünscht, d. h. eine Auszahlung teilweise in Deutschland, teilweise im Ausland. Soweit eine sozialversicherungsrechtliche Entsendung gewünscht ist, muss darauf geachtet werden, dass die Kosten der Vergütung mindestens zum Teil beim deutschen Arbeitgeber verbleiben (ungeachtet der Währung und des Ortes der Auszahlung). Es bedarf also u. U. eines Intercompany Agreements zur Verteilung der Lasten, wobei die Vergütung von

Aufwendungsersatz und Sonderleistungen anlässlich des Umzugs und des Auslandsaufenthalts zu unterscheiden ist. Auch die devisenrechtlichen Vorschriften des Einsatzlandes sind zu beachten; nicht in allen Ländern können Konten in allen Währungen unterhalten und Devisen in beliebiger Höhe transferiert werden.

Immer dann, wenn (wie im Regelfall) (auch) in ausländischer Währung bezahlt wird, ist an größere Währungsschwankungen und/oder inflationäre Entwicklungen ebenso zu denken wie an steuerliche Entwicklungen im Einsatzland (wo regelmäßig eine Steuerpflicht bestehen wird).

Bei variablen Zusatzleistungen ist genau zu definieren, von welchen Berechnungsfaktoren diese abhängen sollen. Kommt es (nur oder vor allem) auf den Erfolg der Auslandsgesellschaft an, muss dies (ggf. unter Suspendierung der bisherigen Regelung) klar geregelt werden, um Missverständnisse oder gar Doppelansprüche auszuschließen.

Zu den Zusatzleistungen zählt auch der zusätzliche Versicherungsschutz, der vielen Auslandsmitarbeitern gewährt wird. Oftmals existieren insoweit Rahmenverträge, in die der Mitarbeiter einbezogen wird. In jedem Fall ist eine Analyse der Risiken und des schon bestehenden Versicherungsschutzes vorzunehmen. Üblich sind (bei Bedarf) eine Auslandskrankenversicherung, eine Unfallversicherung und eine Fahrzeug- sowie Haus(rat)versicherung, ggf. auch eine D&O-Versicherung, wobei hier besonders darauf zu achten ist, welche Risiken wirklich abgedeckt sind.

Schon vor dem Beginn der Entsendung ist auch an die Rückkehr zu denken (soweit eine solche vorgesehen ist). Dabei liegt das Hauptaugenmerk auf der angemessenen Wiedereingliederung, ohne dass jemand bereits wüsste, welche Tätigkeit viele Jahre später einmal ausgeübt wird. In vielen Entsendungsvereinbarungen findet sich die Fortschreibung eines sog. Schattengehalts. Damit soll nicht nur die Wiedereingliederung erleichtert werden, sondern zugleich wird klargestellt, dass die im Zusammenhang mit dem Auslandseinsatz gewährten Sonderleistungen wieder ersatzlos entfallen und sich auch die sonstigen Parameter, z. B. zur Berechnung einer variablen Vergütung, wieder ändern.

2.2.2.3 Geheimhaltung/IP-Rechte

Viele Entsendungsvereinbarungen schweigen zu Fragen der Geheimhaltung und geistigem Eigentum (Intellectual Property). Dies ist mindestens fahrlässig, wenn nicht sogar gefährlich, es sei denn die Analyse der Rechtslage hat keinen Handlungsbedarf ergeben. Das wird aber nur selten der Fall sein, denn die Rechtslage in den beteiligten Jurisdiktionen unterscheidet sich oftmals deutlich. So ist bereits im Stadium der Vertragserstellung, auch wenn es nur um die deutsche Entsendungsvereinbarung geht, zu klären, welche Geheimhaltungsmaßnahmen erforderlich sind und ob hierfür der deutsche Vertrag (nebst praktischer Maßnahmen) genügt.

Gerade wenn ausländische Geschäftspartner involviert sind, muss auch der entsandte Mitarbeiter genau wissen, was er wem offenbaren darf und was nicht. Hierzu wird auch eine gründliche Unterweisung in die notwendigen technischen Geräte und Maßnahmen erforderlich sein.

Ähnliches gilt für den Schutz geistigen Eigentums. Meist sind zwar die notwendigen Eintragungen für vorhandene Rechte auch im Einsatzland vorgenommen worden, dennoch ist zu überlegen, ob die Maßnahmen bei einer Zusammenarbeit mit einem lokalen Partner ausreichend sind und künftige Entwicklungen müssen – soweit wie möglich – antizipiert werden. Dabei kommt es auf die Stellung des Entsandten im Ausland an; oft jedoch wird es sich um Leitungspersonal handeln, deren Verantwortung sich auch auf die Sicherung immaterieller Schutzrechte erstreckt.

2.2.2.4 Wettbewerbsverbot

In Deutschland gilt ein gesetzliches Wettbewerbsverbot für Arbeitnehmer während des laufenden Arbeitsverhältnisses. Im Falle einer Entsendung ist zunächst zu prüfen, ob dies auch im Einsatzland so ist und ob das gesetzliche Wettbewerbsverbot aus dem deutschen Arbeitsvertrag (soweit fortgeltend und nicht ruhend gestellt) auch im Einsatzland durchsetzbar ist.

Soweit zusätzlich ein lokaler Vertrag besteht, ist zu prüfen, ob es Sinn macht, auch in dieser Vereinbarung ein Wettbewerbsverbot für das laufende Arbeitsverhältnis zu vereinbaren.

Insbesondere dort, wo eine Kooperation mit einem lokalen Partner besteht, ist besondere Sorgfalt geboten. Dies liegt daran, dass der Begriff (und Inhalt) des „Wettbewerbs" je nach Land/Region und Marktsituation der Beteiligten unterschiedlich zu beurteilen ist. Der lokale Partner mag andere Wettbewerber haben als das entsendende deutsche Unternehmen. Um in diesen Fällen Klarheit zu schaffen und potenzielle Konflikte gerade auch für den Entsandten zu vermeiden, empfiehlt es sich nicht nur in den arbeitsvertraglichen Vereinbarungen, sondern insbesondere auch in den Vereinbarungen zwischen den Unternehmen eine klare Begriffsdefinition (ggf. unter namentlicher Nennung des Wettbewerbs) vorzunehmen.

Von der Frage der Reichweite des vertraglichen Wettbewerbsverbots abzugrenzen ist die Vereinbarung eines nachvertraglichen Wettbewerbsverbots.

Besteht ein solches nachvertragliches Wettbewerbsverbot in dem deutschen Arbeitsvertrag, stellen sich zunächst die gleichen Fragen zu Wirksamkeit und Durchsetzbarkeit im Ausland wie beim vertraglichen Wettbewerbsverbot.

Es könnte, je nach Position des Entsandten, überdies daran gedacht werden, in der Entsendungsvereinbarung erstmals ein nachvertragliches Wettbewerbsverbot zu vereinbaren oder aber eine bestehende Vereinbarung sachlich zu erweitern.

Inwieweit dies Sinn ergibt, ist wiederum mit Blick auf die ausländische Rechtsordnung zu beurteilen.

Diese ist naturgemäß auch maßgeblich für die Frage, ob die (zusätzliche) Vereinbarung eines nachvertraglichen Wettbewerbsverbots in einem lokalen Vertrag zulässig und sinnvoll ist. Angesichts der sehr unterschiedlichen Regelungen zum zwingenden Inhalt einer solchen Beschränkung (soweit überhaupt zulässig) mag es hier ausnahmsweise sogar sinnvoll sein, in beiden Vereinbarungen eine solche Regelung zu implementieren. Dies setzt voraus, dass ein entsprechendes Schutzbedürfnis aufgrund der Person des Entsandten überhaupt besteht. Bei der Beurteilung dieser Frage darf nicht außer Betracht bleiben, dass es in der Praxis nicht selten so ist, dass (insbesondere erfahrene) Mitarbeiter mit profunder Kenntnis der lokalen Verhältnisse von Wettbewerbern abgeworben werden bzw. bei einer vom deutschen Arbeitgeber veranlassten Rückkehr lieber im Gastland verbleiben (etwa, weil sie dort einen Partner gefunden und eine Familie gegründet haben). Der Nachfolger des Entsandten muss dann u. U., ohne selbst zunächst über lokale Erfahrungen und Kontakte zu verfügen, gleich mit seinem bei einem Wettbewerber tätigen Vorgänger konkurrieren. In vielen Fällen wird es also durchaus Sinn ergeben, über das Thema „nachvertragliches Wettbewerbsverbot" schon bei der Vertragsgestaltung nachzudenken.

2.2.2.5 Feiertage, Urlaub, Arbeitszeit

Die Feiertagsregelung erscheint zunächst unproblematisch. Meist entspricht es zwingendem Recht, dass die öffentlichen bzw. gesetzlichen Feiertage des Gastlandes einzuhalten sind. Da diese Feiertage je nach Kulturkreis deutlich von den deutschen Feiertagen abweichen können, stellt sich allerdings die oft auch von entsandten Mitarbeitern aufgeworfene Frage nach der Freistellung an deutschen Feiertagen, insbesondere an Ostern und Weihnachten (die z. B. im Nahen und Fernen Osten nicht begangen werden). Dabei sind der Vertragsfreiheit keine Grenzen gesetzt; in Betracht kommt sowohl eine freiwillige zusätzliche Gewährung dieser Tage (insbesondere, wenn die tägliche Kommunikation mit Deutschland einen wesentlichen Teil der Tätigkeit ausmacht) bis hin zum Verweis auf die Inanspruchnahme von (bezahltem oder unbezahltem) Erholungsurlaub. Umgekehrt ist bei lokalen Feiertagen zu klären, ob dennoch eine Arbeitspflicht im Hinblick auf die Zusammenarbeit mit der Heimat besteht (und ob dies zulässig oder von bestimmten Voraussetzungen (z. B. Zuschläge zur Vergütung) abhängig ist). Derartige Fragen können sich bei Tätigkeiten im Nahen und Mittleren Osten sogar für die Arbeit am (wie auch immer definierten) Wochenende stellen.

Der Erholungsurlaub selbst bereitet meist keine Probleme, da der vertragliche Urlaubsanspruch in aller Regel die Mindesturlaubsansprüche nach allen beteiligten

Rechtsordnungen übersteigt. Zu denken ist an die Sicherstellung der lokalen Handlungsfähigkeit, insbesondere wenn es sich bei dem Entsandten um den gesetzlichen Repräsentanten der Niederlassung handelt, ohne den keine rechtswirksamen Handlungen vorgenommen werden können. In einigen Ländern ist überdies die Verwendung weiterer Legitimationsmittel, z. B. Stempel, erforderlich, deren Verbleib und Nutzung im Falle einer (Urlaubs-)Abwesenheit zu klären ist.

Ansonsten ist es in Entsendungsvereinbarungen nicht unüblich, eine Verpflichtung zu geschäftlichen Terminen und Stammhausbesuchen im Zusammenhang mit Privataufenthalten in Deutschland vorzusehen. Dabei sollte dann eine klare Regelung zu der Behandlung insbesondere von Reisetagen vorgenommen werden (insbesondere der An-/Abreise aus dem Einsatzland), um eine konfliktfreie Abgrenzung vornehmen zu können. Vielfach finden sich entsprechende Regelungen auch in Reiserichtlinien oder Entsenderichtlinien, die in der Entsendungsvereinbarung in Bezug genommen werden.

Das Thema Arbeitszeit ist wesentlich diffiziler, insbesondere wenn erhebliche Zeitunterschiede zwischen Deutschland und dem Einsatzgebiet bestehen. Da fast alle Länder weltweit über Arbeitszeitregelungen verfügen, sind die lokalen Vorschriften (meist zwingend) zu berücksichtigen. Eine deutsche Rechtswahl (soweit zulässig) hilft nicht, da das Arbeitszeitgesetz nur für Tätigkeiten auf dem Gebiet der Bundesrepublik Deutschland gilt (entsprechendes gilt auch für die Zuständigkeit des deutschen Betriebsrats). Dabei kann nicht ohne weiteres davon ausgegangen werden, dass der entsandte Mitarbeiter zum Führungskreis des Unternehmens im Ausland zählt und schon deshalb Arbeitszeitbeschränkungen nicht unterliegt. Es ist vielmehr anhand des lokalen Rechts zu prüfen, welche Mitarbeitergruppen derartigen Beschränkungen unterliegen und welche nicht. Ohnehin ist es nicht in jedem Entsendungsfall so, dass nur Managementpersonal der oberen Führungsebene entsandt wird, zu denken ist bspw. auch an technische Spezialisten im Ausland.

Dabei geht es nicht nur um Höchstarbeitszeiten, sondern vor allem um die zeitliche Lage, vorgeschriebene Pausen und Ruhezeiten. Gerade bei erheblichen Zeitunterschieden kommt es häufig zu dem Erfordernis von Arbeit in Randzeiten (am frühen Morgen oder späten Abend lokaler Zeit), die mit den lokalen Vorschriften abzugleichen sind. Andererseits bestehen in vielen Ländern keine Beschränkungen für Arbeit an Feiertagen und am Wochenende.

In vielen Ländern existieren im Zusammenhang mit der Regulierung der Arbeitszeit (teilweise zwingende) Bestimmungen zur Vergütung von Mehrarbeit. Insoweit ist ebenfalls genau zu prüfen, welche vertraglichen Gestaltungsmöglichkeiten bestehen. Dies muss, soweit kein lokaler Vertrag abgeschlossen wird, bereits bei der Gestaltung der Entsendevereinbarung bedacht werden.

Zusätzlich zu den zu beachtenden neuen Herausforderungen kommen die sich aus dem Nachweisgesetz ergebenden Verpflichtungen (Arbeitszeiterfassung) hinzu. Insbesondere bei der Erstellung ausführlicher Nachweise über wesentliche Vertragsbedingungen gestaltet sich die Lage anspruchsvoller als vom Gesetzgeber erwartet. Über die Bestimmungen im Inland hinaus gibt es Bestimmungen für Auslandsaufenthalte und Entsendungen von Arbeitnehmern.

Nach § 2 Abs. 2 NachwG sind bei Auslandsaufenthalten von mehr als vier Wochen zusätzliche Vertragsdetails, wie etwa das Reiseland, die Währung der Entlohnung oder Angaben zur Rückkehr des Arbeitnehmers, schriftlich festzuhalten. Dies gilt auch für freiwillige Aufenthalte, z. B. die sog. Workation, bei der vor und/oder nach einem Urlaubsaufenthalt im Ausland noch eine Zeit der mobilen Arbeit angehängt wird.

Neu hinzugekommen ist weiter § 2 Abs. 3 NachwG, der für grenzüberschreitende Arbeitssituationen von über vier Wochen gilt und detailliertere Nachweise, z. B. Informationen über im Ausland geltende Arbeitsbedingungen vorschreibt. In Anbetracht der umfassenden Nachweispflichten sind Arbeitgeber bei der Genehmigung von Auslandsaufenthalten gehalten, Vorsicht walten zu lassen, um Bußgelder zu vermeiden.

2.2.2.6 Befristung und (vorzeitige) Beendigung des Auslandseinsatzes

Bei der Beendigung des Auslandseinsatzes ist zwischen den Themenkomplexen Befristung, Rückruf und Rückkehrverlangen (des Arbeitnehmers) sowie Kündigung zu differenzieren.

2.2.2.6.1 Befristung

Viele Entsendungsvereinbarungen sind (zunächst) auf einen kalendarisch bestimmten Zeitraum befristet. Dies liegt oft auch daran, dass ein Verbleib in der deutschen Sozialversicherung beabsichtigt ist, was wiederum in der Regel voraussetzt, dass der Auslandseinsatz nicht endgültig ist, sondern eine Rückkehr vorgesehen ist. Ausgehend von der Anwendbarkeit deutschen Rechts für Arbeitsvertrag und Entsendungsvereinbarung wirft dies im Hinblick auf das Teilzeit- und Befristungsgesetz (TzBfG) Fragen auf.

Dabei steht die grundsätzliche Zulässigkeit der Befristung der Entsendung im Vordergrund. Zweifel ergeben sich zunächst einmal daraus, dass es sich bei der Entsendungsvereinbarung nur um einen Teil des gesamten Arbeitsvertrages handelt, für den prinzipiell ein Verbot der Teilbefristung einzelner Vertragsbedingungen gilt. Allerdings ist für Entsendungsvereinbarungen anerkannt, dass eine Befristung des Auslandseinsatzes grundsätzlich unbeschadet des unbefristeten Arbeitsverhältnisses an sich möglich ist. Der Grund dafür liegt in dem Sinn und Zweck des Befristungsrechts, dass verhindern will, dass durch Befristungen der Bestandsschutz ausgehebelt wird. Dies ist bei Entsendungsvereinbarungen aber gerade nicht der Fall, da nach dem Ende der Befristung das bisherige Arbeitsverhältnis fortgesetzt wird. Ein Problem kann sich aus diesem Gesichtspunkt nur dann ergeben, wenn der gesamte Arbeitsvertrag ausschließlich auf die Auslandstätigkeit ausgerichtet ist. In diesen Fällen wird aber (auch aus diesem Grund) gar keine Befristung vereinbart, zumal eine Vertragskündigung mit einem nur im Ausland tätigen Mitarbeiter leichter durchsetzbar ist als ein in Deutschland fortgesetztes Arbeitsverhältnis.

Zu beachten ist allerdings das Schriftformerfordernis des TzBfG, wonach bereits vor Antritt der Tätigkeit ein schriftlicher Vertrag vorliegen muss. Dies ist bei der ursprünglichen Entsendung meist kein Problem, wird aber bei den nicht seltenen Verlängerungen des Auslandseinsatzes oft übersehen.

In der Praxis entsteht ein Problem mit der Befristung des Auslandseinsatzes dann, wenn der Mitarbeiter nach meist längerer Tätigkeit im Gastland dort mittlerweile so fest verwurzelt ist, dass er gar nicht mehr nach Deutschland (oder einen anderen Einsatzort im Ausland) zurückkehren möchte. Ist die Befristungsabrede dann nicht durchsetzbar, entsteht u. U. ein Problem für das entsendende Unternehmen, das zum einen (aus welchen Gründen auch immer) eine Nachfolge beabsichtigt, andererseits aber eine Kündigung (des gesamten Arbeitsverhältnisses) nicht darstellbar ist (weil in Deutschland ein Arbeitsplatz zur Verfügung steht). In der Praxis behelfen sich Unternehmen in dieser Situation mit der Ausübung eines Rückrufs (siehe hierzu unten), vor allem aber administrativer Mittel eher zweifelhafter Natur wie die unterlassene Beantragung der Verlängerung von Aufenthaltsgenehmigung und Arbeitserlaubnis. Jedenfalls außerhalb der EU sind Arbeitnehmer dann oft gezwungen, auszureisen und einem Kompromiss zuzustimmen.

In der Praxis ergeben sich aus dem Ablauf einer Befristung häufig Sonderprobleme. Diese können darin bestehen, dass der Nachfolger vor Ort nicht rechtzeitig eintrifft (weil etwa noch erforderliche Dokumente fehlen), Verträge vor Ort nicht an die Laufzeit der Befristung angepasst wurden (z. B. Kfz-Leasing, Wohnraummiete etc.) und vor allem das Schuljahr des mitgereisten Kindes noch nicht beendet ist und/oder der mitreisende Partner seinen Arbeitsvertrag nicht zeitgleich beenden kann. Da nicht alle Fallkonstellationen im Vorfeld geplant werden können, ist hier Flexibilität geboten, zugleich sind aber auch komplizierte Rechtsfragen, z. B. zum Aufenthaltsrecht und Versicherungsschutz, u. U. kurzfristig zu klären.

2.2 Vertragsgestaltung

2.2.2.6.2 Rückruf-/Rückkehrrecht

Eine vorzeitige Beendigung des Auslandseinsatzes ohne Vertragskündigung auf Veranlassung des Arbeitgebers kommt aus verschiedenen Gründen in Betracht. Strategische Überlegungen im Hinblick auf das Auslandsengagement, aber auch dringende betriebliche Erfordernisse in der Heimat, können eine Rückkehr des Mitarbeiters vor Ablauf der geplanten Entsendungsdauer erfordern. Auch Gründe in der Person des Mitarbeiters, z. B. eine wesentliche gesundheitliche Beeinträchtigung oder aufenthaltsrechtliche, selbst politische Gründe können eine Rückkehr nach Deutschland notwendig machen. Schließlich kommen auch verhaltensbedingte Gründe in Betracht, die unterhalb der Schwelle eines Kündigungsgrunds liegen, etwa eine andauernde Missstimmung mit dem lokalen Partner oder dortigen Kunden oder ein außerdienstliches Verhalten, das den Behörden des Gastlandes negativ aufgefallen ist. Sofern der Mitarbeiter selbst in diesen Fällen mit seiner Rückkehr nicht einverstanden ist, bedarf es einer vertraglichen Regelung.

Eine Rückrufklausel in einer Entsendungsvereinbarung unterliegt zweifelsfrei der AGB-Kontrolle der Gerichte. Aufgrund des Transparenzgebots (§ 307 Abs. 1 S. 2 BGB) muss die Klausel so formuliert sein, dass der Arbeitnehmer erkennen kann, wann die Klausel greift, wann er also verpflichtet ist, auf Aufforderung des Arbeitgebers auszureisen. Bei der Formulierung einer derartigen Klausel ist daher viel Erfahrung und Kenntnis der Rechtsprechung nötig. Es sollten so viele Fallkonstellationen wie möglich erfasst werden. Natürlich wird sich nicht jeder Sachverhalt im Vorhinein genau benennen lassen, dennoch sollte mit so wenigen generalklauselartigen Begriffen gearbeitet werden wie möglich. Ein bloßer Verweis auf „dringende betriebliche Gründe" wird zum Beispiel dem Transparenzgebot kaum genügen.

Weiter muss eine Rückrufklausel einen Ermessensspielraum belassen, d. h. die Interessen des Mitarbeiters sind angemessen zu berücksichtigen. So ist es im Regelfall sinnvoll, eine angemessene Ankündigungsfrist vorzusehen, um dem Mitarbeiter notwendige Dispositionen sowohl im Gastland als auch in Deutschland zu ermöglichen. Ausnahmen können nur für absolute Notlagen vorgesehen werden, in denen dem Unternehmen oder dem Mitarbeiter unmittelbar erhebliche Schäden drohen.

Ein sensibles Thema ist die Verringerung der Vergütung bei einem Rückruf. Hier gilt grundsätzlich die restriktive Rechtsprechung des Bundesarbeitsgerichts zur Zulässigkeit eines Widerrufs (BAG, NZA 2007, 809; NZA 2007, 87).

Dabei kann nur die eigentliche Vergütung in die Beurteilung einfließen, nicht jedoch Sonderleistungen, die ausschließlich im Hinblick auf die Erschwernisse des

Auslandseinsatzes gezahlt werden. Schon aus diesem Grund ist es sinnvoll, in der Entsendevereinbarung klar zwischen Vergütung und auslandsbezogenen Zusatzleistungen zu differenzieren.

Im Übrigen ist die Rechtsprechung zurückhaltend bei dem Ausgleich sonstiger Nachteile etwa in steuerlicher Hinsicht (sonst wäre ein Rückruf in das Hochsteuerland Deutschland auch kaum je möglich) oder im Hinblick auf Schwierigkeiten bei der Anmietung geeigneten Wohnraums binnen kurzer Frist. Viele Unternehmen unterstützen Mitarbeiter aber ohnehin in diesen Situationen, da die Gründe für den Rückruf in aller Regel nicht in der Risikosphäre des Mitarbeiters liegen.

Klauseln, die dem Mitarbeiter ein Recht zur vorzeitigen Beendigung des Auslandseinsatzes einräumen, sind wesentlich seltener. Aus Unternehmenssicht bevorzugt man, schon angesichts des in der Regel nicht unerheblichen Investments, das mit einer Entsendung verbunden ist, einen verlässlichen Planungshorizont. Auf Ausnahmesituationen auf Seiten des Mitarbeiters kann ohnehin flexibel und einzelfallbezogen reagiert werden.

Gerade vor dem Hintergrund der Erfahrungen der Corona-Pandemie kann es allerdings künftig durchaus häufiger vorkommen, dass Arbeitnehmer schon bei der Gestaltung der Entsendevereinbarung eine gewisse Sicherheit eines Rechts auf vorzeitigen Abbruch des Auslandseinsatzes verlangen.

Es wird dabei im Interesse des Unternehmens liegen, die möglichen Rückkehrgründe eng zu fassen und nur Notfälle zu regeln. Meist geht es um persönliche Probleme wie Gesundheit, nicht nur des Entsandten selbst, sondern auch seiner nächsten Angehörigen (Partner, Kinder), aber auch um politische Krisenlagen mit persönlicher Gefährdung sowie um Epidemien oder gar eine Pandemie. Dabei ist gerade im Hinblick auf die persönlichen Umstände nicht schematisch vorzugehen. Es ist somit in jedem Fall empfehlenswert, kein absolutes Rückkehrrecht vorzusehen, sondern auch hier eine Ermessensentscheidung unter Berücksichtigung der beiderseitigen Interessen durch den Arbeitgeber vorzusehen. Es ist eben oft eine Frage der Einzelfallbewertung, was einem Mitarbeiter (noch) zumutbar ist und wann seine persönlichen Interessen sowie die Fürsorgepflicht des Arbeitgebers überwiegen.

2.2.2.6.3 Kündigung des Arbeitgebers

Bevor auf Details eingegangen wird, sind einige Grundsätze hervorzuheben. Der vielleicht Wichtigste ist, dass es sich bei einer Entsendevereinbarung um eine Zusatzvereinbarung zum bestehenden Arbeitsvertrag und nicht um einen weiteren eigenständigen Vertrag handelt. Hieraus folgt unmittelbar, dass es eine separate Kündigung des Auslandseinsatzes (der Entsendevereinbarung) ***nicht*** gibt. Dies wird in vielen Entsendevereinbarungen übersehen, in denen ausdrücklich eine

2.2 Vertragsgestaltung

Kündigungsoption vorgesehen ist. Gekündigt werden kann indes nur das Arbeitsverhältnis zwischen den Parteien in seiner Gesamtheit. Eine Teilkündigung ist dem deutschen Recht fremd und wird von den Arbeitsgerichten zurecht nicht anerkannt.

Damit ist an dieser Stelle hervorzuheben, dass eine Beendigung des Auslandseinsatzes nur durch Einigung, Kündigung des gesamten Arbeitsvertrages (durch Arbeitnehmer oder Arbeitgeber), Befristung oder Rückruf-/Rückkehrrecht bewirkt werden kann. Dies zeigt noch einmal die Bedeutung wirksamer Befristungsabreden und Rückrufklauseln.

Des Weiteren ist darauf hinzuweisen, dass ein etwa vorhandener lokaler Arbeitsvertrag stets gesondert zu betrachten ist. Die wirksame Beendigung der Entsendung nach deutschem Recht hat grundsätzlich keine Auswirkungen auf den lokalen Vertrag. Dieser muss nach Ortsrecht gesondert beendet werden. Die in der Praxis vielfach zu findenden Klauseln, denen zufolge eine Beendigung der Entsendung zugleich eine Kündigung des lokalen Vertrages bedeutet, sind im Zweifel schon aus formellen Gründen unwirksam (meist muss die Erklärung durch ganz andere Parteien/Vertreter abgegeben werden), in aller Regel aber auch materiell-rechtlich unwirksam, da sie nicht dem zwingenden lokalen Recht entsprechen.

2.2.2.2.6.4 Kündigungsschutz

Wie bereits ausgeführt, unterliegt die Entsendevereinbarung als Teil des einheitlichen deutschen Arbeitsverhältnisses in aller Regel deutschem Recht. Damit findet auch das deutsche Kündigungsschutzgesetz Anwendung; der hinreichende Betriebsbezug ist regelmäßig ebenfalls gegeben. Damit kommt es dann auch auf die Zahl der in der ausländischen Niederlassung beschäftigten Arbeitnehmer (§ 23 Abs. 1 S. 2 KSchG) nicht an, sondern allein auf die Verhältnisse in Deutschland.

Dabei ist der Kündigungsschutz dem Ansatz nach betriebs- und unternehmensbezogen. Ein Konzernbezug kommt nur dann in Betracht, wenn der Arbeitnehmer ausweislich des Vertrages auch innerhalb des Konzerns versetzt werden kann. Dies ist für das normale Arbeitsverhältnis der Ausnahmefall, bei Entsendungen muss die Entsendevereinbarung aber genauer untersucht werden. Es kommt nämlich mitunter vor, dass dem Entsandten für seine Rückkehr nach Deutschland in Aussicht gestellt wird, nicht nur im Beschäftigungsbetrieb, sondern sogar im Konzern eine geeignete Stelle zu suchen. Somit ist schon bei der Vertragsgestaltung zu bedenken, dass eine solche zu diesem Zeitpunkt leichthin gegebene Zusage im Falle einer insbesondere betrieblich bedingten Kündigung zu erheblichen Schwierigkeiten bei der Trennung von Mitarbeitern führen kann.

Das Hauptthema bei Kündigungen von entsandten Mitarbeitern ist allerdings die Frage des „Durchschlagens" von Kündigungsgründen.

Dies gilt grundsätzlich für alle Kategorien der Kündigung. Im Bereich der betriebsbedingten Kündigung bedeutet dies vor allem, dass betriebliche Veränderungen im Ausland nicht ausreichen, um eine Kündigung des gesamten Arbeitsverhältnisses zu rechtfertigen. Anders kann dies nur in den seltenen Fällen sein, in denen eine Einstellung bei der deutschen Gesellschaft ausschließlich zum Zwecke des Einsatzes in einem bestimmten Ausland erfolgte. Hier wird der Wegfall des ausländischen Arbeitsplatzes eine betriebsbedingte Kündigung des Arbeitsverhältnisses rechtfertigen können.

In allen anderen Fällen ist aber zusätzlich zu prüfen, ob in Deutschland trotz der regelmäßig vorhandenen Weiterbeschäftigungszusage kein geeigneter Arbeitsplatz zur Verfügung steht. Dabei sind die üblichen Kriterien heranzuziehen (Vergleichbarkeit, Sozialauswahl, freie Arbeitsplätze).

Bei der personenbedingten Kündigung sind ebenfalls die Verhältnisse im Ausland von den kündigungsrechtlich relevanten Tatsachen zu unterscheiden. So mögen gesundheitliche Gründe den fortgesetzten Auslandsaufenthalt unmöglich machen (etwa unter bestimmten klimatischen Bedingungen), dies bedeutet jedoch nicht zwingend, dass eine Tätigkeit in Deutschland nicht mehr möglich ist. Im Falle der Nichterteilung einer Arbeitserlaubnis (gleich aus welchen Gründen) gilt natürlich erst recht, dass damit nicht die Kündigung des deutschen Arbeitsvertrages gerechtfertigt werden kann.

Am interessantesten ist allerdings die Situation bei verhaltensbedingten Kündigungen. Bei schweren Vertragsverletzungen des entsandten Arbeitnehmers wird es sich oft um Verstöße im Ausland handeln. Dabei stellt sich dann die Frage, ob der schwere Vertragsverstoß im Ausland auch zur Kündigung des Stammarbeitsverhältnisses berechtigt.

Das Bundesarbeitsgericht hat 2008 insoweit richtigerweise festgehalten, dass es keinen Automatismus im Sinne einer Konzernrelevanz gibt (BAG, NZA 2009, 671). Ein „Durchschlagen" sei in zwei Varianten denkbar:

Zum einen könne das Verhalten des Arbeitnehmers (in dem entschiedenen Fall in einer Tochtergesellschaft) dessen Eignung grundsätzlich in Frage stellen, dann käme eine personenbedingte Kündigung in Betracht.

Zum anderen könne die Vertragsverletzung bei der Tochtergesellschaft bei hinreichender Verknüpfung zugleich eine schwere Pflichtverletzung des Vertragsverhältnisses bei der Obergesellschaft darstellen. Dies ist dann eine Frage der Einzelfallbeurteilung, zumal ein im Ausland u. U. strafrechtlich relevantes Verhalten nicht auch in Deutschland kriminalisiert sein muss und umgekehrt.

Eine Übertragung dieser Grundsätze auf Entsendungen erscheint naheliegend, zumal es bei der Entsendung ohne lokalen Vertrag gar keine zwei Vertragsverhältnisse gibt. Dennoch sollte genau geprüft werden, ob sich die Vertragsverletzung im

2.2 Vertragsgestaltung

Ausland tatsächlich auch auf das Stammhaus auswirkt. Günstig wäre in diesem Fall, wenn schon die Entsendevereinbarung eine gewisse Verknüpfung dadurch herstellt, dass bestimmte Vertragsverletzungen im Ausland auch für das deutsche Arbeitsverhältnis als relevant eingestuft werden. Erneut zeigt sich, dass eine sorgfältige Vertragsgestaltung zahlreiche spätere Konfliktfälle im Sinne des Arbeitgebers entschärfen kann.

Wichtig ist in diesem Zusammenhang auch, dass die Rückkehr- oder Wiedereinstellungszusage ausdrücklich einen Vorbehalt dahingehend enthält, dass der Entsandte nicht im Ausland verhaltensbedingt gekündigt wurde bzw. dort keine schweren Vertragsverletzungen, die zu einer verhaltensbedingten Kündigung berechtigen würden, begangen hat. Ohne eine solche Regelung muss der Mitarbeiter selbst bei einem schwerwiegenden Vertragsverstoß im Ausland in der Heimat weiterbeschäftigt werden.

Ein grober Fehler im Zusammenhang mit Kündigungen eines Auslandsentsandten wäre es, die nach § 102 BetrVG erforderliche Anhörung des zuständigen Betriebsrats zu unterlassen. Hier ist zu berücksichtigen, dass das Bundesarbeitsgericht trotz des im Betriebsverfassungsrecht an sich geltenden Territorialitätsprinzips eine Ausstrahlung des Gesetzes annimmt, wenn der im Ausland tätige Mitarbeiter einem Betrieb in Deutschland zuzuordnen ist. Indizien für eine solche Ausstrahlung sind Weisungsrechte und Berichtspflichten aus/von Deutschland aus, deutsche Rechtswahl, Rückkehrregelungen und die Zahlung der Vergütung und Sozialversicherungsbeiträge in Deutschland.

Im Zweifel sollte daher mindestens vorsorglich eine Anhörung stattfinden. Die entsprechenden Fristen sind einzuhalten, dabei kann es insbesondere bei außerordentlichen Kündigungen eine logistische Herausforderung darstellen, die Kündigung innerhalb der Zweiwochenfrist im Original zuzustellen. Eine gute Zeitplanung ist daher unerlässlich.

Eine Anhörung ist im Übrigen auch dann erforderlich, mindestens aber empfehlenswert, wenn es sich bei dem Entsandten um den Geschäftsführer einer Auslandsgesellschaft handelt. Allein relevant ist insoweit nämlich die Stellung im Betrieb des deutschen Arbeitgebers. Viele Auslandsgeschäftsführer sind aber nicht einmal leitende Angestellte nach deutschem Rechtsverständnis. Ebenfalls berücksichtigt werden muss, dass die Wiedereingliederung in einen deutschen Betrieb in der Regel der Mitbestimmung unterliegt (§ 95 BetrVG).

Ein Sonderproblem ergibt sich in vielen Ländern daraus, dass bei Beendigung des lokalen Arbeitsvertrages die Zahlung einer Abfindung zwingend vorgeschrieben ist, selbst dann, wenn der Arbeitnehmer anschließend zu seinem Stammarbeitgeber in das Heimatland zurückkehrt. Viele Entsendevereinbarungen sehen eine Verpflichtung des Arbeitnehmers vor, auf eine solche Zahlung zu verzichten, diese zurückzuerstatten oder eine Verrechnung mit Vergütungsansprüchen zu erlauben. Zwar kommt es bei Fortführung des Arbeitsverhältnisses in Deutschland selten zu Konflikten, im Zusammenhang mit der Beendigung der Zusammenarbeit ist dies aber anders. Hier sollte ggf. anhand des lokalen Rechts geprüft werden, inwieweit z. B. ein Verzicht zulässig ist. Jedenfalls sollte bei Verhandlungen über eine Aufhebung oder Abwicklung dieser Betrag nicht außer Acht gelassen werden.

2.2.3 Vertragssynchronisation

Die vorstehenden Ausführungen zur Beendigung der Auslandstätigkeit und des gesamten Arbeitsverhältnisses veranschaulichen, wie wichtig bei dem Abschluss zweier Verträge (deutscher Arbeitsvertrag, Entsendevereinbarung und lokaler Arbeitsvertrag) die exakte Abstimmung der vertraglichen Vereinbarungen ist. Nichts ist misslicher als sich widersprechende Bestimmungen, die im Extremfall sogar zu Doppelansprüchen führen können.

Besonders praxisrelevant ist dies bei der Vereinbarung von Kündigungsfristen. Erheblich divergierende Kündigungsfristen können signifikante finanzielle Belastungen bedeuten. So beträgt etwa in der Volksrepublik China die regelmäßige Kündigungsfrist lediglich dreißig Tage und es ist zweifelhaft, ob diese Frist vertraglich überhaupt wirksam verlängert werden kann. Handelt es sich bei dem Mitarbeiter, von dem man sich trennen will, ohne dass ein wichtiger Grund vorliegt, um eine langjährige Fachkraft, dann kann die deutsche Frist bis zu sieben Monate zum Monatsende betragen. Nicht selten muss das Unternehmen in derartigen Fällen nolens volens die Leistungen aus der Entsendevereinbarung während der gesamten Zeit bezahlen, ohne den Mitarbeiter weiterbeschäftigen zu können. Eine Lösung kann nur in einer sorgfältig formulierten Rückrufklausel liegen, die einen Rückruf (auch) bei einer Kündigung des Auslandsvertrages erlaubt.

Probleme sind aber nicht auf die Kündigung beschränkt, vielmehr ist in nahezu allen Vertragspunkten ein sorgfältiger Abgleich zwischen lokalem Vertrag und Entsendevereinbarung notwendig, wobei Kenntnisse in beiden Rechtsordnungen unerlässlich sind. Dies erfordert, gleich ob die Arbeit unternehmensintern oder durch Berater erbracht wird, fundierte Sachkenntnis und Verständnis von grenzüberschreitenden Sachverhalten.

Besondere Beachtung verdient insoweit der Bereich Vergütung, wo insbesondere Doppelansprüche vermieden werden sollten (z. B. soweit in beiden beteiligten Unternehmen betriebliche Regelungen zu Sonderleistungen oder variabler Vergütung zur Anwendung kommen) und klar sein muss, welcher Bezugsrahmen besteht und wofür genau gezahlt wird (zu denken ist insoweit auch an die Ausstrahlung auf andere Mitarbeiter im Ausland, die sonst aus dem Gleichbehandlungsgrundsatz oder „equal pay"-Grundsätzen ungewollt Ansprüche erheben könnten).

Auch die Arbeitszeitregeln verlangen Aufmerksamkeit; das Thema der Zeitverschiebung wurde bereits angesprochen. Verstöße gegen zwingendes Arbeitszeitrecht sollten ebenso vermieden werden wie die Begründung von Ansprüchen auf Mehrarbeitsvergütung, die in vielen Ländern auch für höherrangige Mitarbeiter obligatorisch ist.

Zu dem Thema Synchronisation ist abschließend vor der in vielen Unternehmen üblichen Praxis zu warnen, den lokalen Vertrag nur „pro forma" mit einem Basisinhalt abzuschließen, da ja doch am Ende nur die Entsendevereinbarung maßgeblich sein soll. Hier wird jedenfalls gründlich zu prüfen und zu überlegen sein, wie das lokale Recht Vertragslücken füllt und eine ergänzende Vertragsauslegung bei nur rudimentären Vertragsregelungen vornimmt.

Ihr Transfer in die Praxis

- Im Rahmen der Vertragsgestaltung sind neben der Rechtswahl und der Vereinbarung eines Gerichtsstands zahlreiche Themenkomplexe für die Entsendung des Arbeitnehmers zu berücksichtigen und vertraglich festzuhalten (z. B. Vergütung/Zusatzversicherungen, (nach)vertragliches Wettbewerbsverbot, Befristung und (vorzeitige) Beendigung des Auslandseinsatzes).
- Bei Abschluss sämtlicher Verträge ist eine exakte Abstimmung der vertraglichen Vereinbarungen im Sinne einer Vertragssynchronisation vorzunehmen, um Widersprüche und im Extremfall auch Doppelansprüche zu vermeiden.
- Bereits im Zeitpunkt der Vertragsgestaltung sind potenzielle Krisenfälle zu bedenken und vertraglich zu regeln (vom vorzeitigen Scheitern über Katastrophenfälle bis zur regulären Rückkehr des Mitarbeiters). ◄

Literatur

Blumauer/Niemeyer, Employer of Record: Eine neue Form des Personaleinsatzes im Ausland, NZA 2023, 263 (263 f.).

Corzelius/Roos, Professional Employer Organization und Employer of Record – Neue Geschäftsfelder und Arbeitnehmerüberlassung, NZA-RR 2023, 175 (176 f.).

Creifelds, Rechtswörterbuch, 24. Edition 2020, Abordnung.

Falder, Befristung und vorzeitige Beendigung einer Auslandsentsendung – Fallstricke des deutschen Arbeitsrechts, NZA 2016, 401 (402).

Grobys/Panzer-Heemeier, StichwortKommentar Arbeitsrecht, 3. Auflage Edition 12 2020, Dienstreise, Rn. 2f.

Günther/Pfister, Arbeitsverträge mit internationalen Bezügen – Teil 1: Rechtswahl und Gerichtsstandsvereinbarungen, ArbRAktuell 2014, 215 (216).

Günther/Pfister, Arbeitsverträge mit internationalen Bezügen – Teil 2: Entsendungen, ArbRAktuell 2014, 346 (346).

Herfs-Röttgen, Beschäftigung von Arbeitnehmern im Ausland, NZA 2017, 873 (874 f.).

Hümmerich/Reufels, Gestaltung von Arbeitsverträgen, 4. Auflage 2019, § 1 Arbeitsverträge, Rn. 1067.

Kasseler Kommentar Sozialversicherungsrecht, Werkstand 114. EL Mai 2021, SGB IV § 4 Ausstrahlung, Rn. 50.

Maschmann/Sieg/Göpfert, Vertragsgestaltung im Arbeitsrecht, 1. Auflage 2012, 3. Teil Erläuterungen: Auslandseinsatz, Rn. 3.

Mastmann/Stark, Vertragsgestaltung bei Personalentsendung ins Ausland, BB 2005, 1849 (1852).

Moll, Münchener Anwaltshandbuch Arbeitsrecht, 4. Auflage 2017, § 11 Arbeitsverhältnisse mit Auslandsberührung, Rn. 63.

Schaub, Arbeitsrechts-Handbuch, 20. Auflage 2023, § 32 Abschluss und Form des Arbeitsvertrags, Rn. 73.

Schrader/Straube, Die arbeitsrechtliche (Wieder-) Einstellungszusage, NZA-RR 2003, 337 (340).

Schulze/Schmidl, Entsendung in das Ausland – Individualrechtliche Gestaltung und Mitbestimmung des BR, ArbRAktuell 2018, 442 (442).

Aufenthalts- und arbeitserlaubnisrechtliche Aspekte

3

> **Was Sie aus diesem Kapitel mitnehmen**
> - Vor einer Entsendung in das Drittland sind regelmäßig eine Aufenthaltsgenehmigung und eine Arbeitserlaubnis einzuholen
> - Ggf. muss eine Auslandsgesellschaft gegründet werden, über welche die Aufenthaltsgenehmigung und die Arbeitserlaubnis beantragt werden kann
> - Strukturierung des Auslandseinsatzes im Wege einer internen oder externen Personalgestellung

Grundsätzlich erfordert die Ausübung eines Gewerbes, dass (ausländische) Investoren ein sog. Corporate Vehicle (bspw. eine Niederlassung (Branch) registrieren oder eine Tochtergesellschaft) gründen sowie im Vorfeld der Aufnahme einer kommerziellen Tätigkeit die entsprechenden Investitions- und Gewerbeerlaubnisse einholen. Soweit (aus Sicht des Einsatzlandes) ausländisches Personal eingesetzt wird, muss vor Aufnahme einer Tätigkeit eine gültige Aufenthalts- und Arbeitserlaubnis eingeholt werden, um Aktivitäten vor Ort durchführen zu können.

▶ Ausnahmen von diesem Grundsatz gelten bspw. in der Europäischen Union, wo das Prinzip der Arbeitnehmerfreizügigkeit gilt. Demnach haben Unionsbürger die Möglichkeit, in Mitgliedstaaten unter den gleichen Voraussetzungen eine Beschäftigung aufzunehmen wie Staatsangehörige des entsprechenden Mitgliedstaates.

3.1 Investitions- bzw. lizenzrechtliche Anforderungen

Ausgangspunkt für die Herstellung eines arbeitserlaubniskonformen Arbeitnehmereinsatzes ist regelmäßig, dass der Arbeitnehmer in einer ausländischen Betriebsstätte bzw. Gesellschaft angestellt werden kann. Hierfür muss also zunächst ein derartiges Corporate Vehicle registriert bzw. gegründet werden. Falls dies nicht erwünscht ist, kann der Arbeitnehmereinsatz im Wege einer Personalgestellung (Überlassung des Arbeitnehmers an ein bereits bestehendes, verbundenes Unternehmen bzw. an einen Manpower Supplier/Employer of Record) strukturiert werden (Abschn. 3.4).

Im Falle der Registrierung einer Betriebsstätte bzw. Gründung einer Gesellschaft bestehen je nach Ausgestaltung der investitionsrechtlichen Rahmenbedingungen im Zielland mitunter Einschränkungen in Bezug auf

- die Ausübung von spezifischen kommerziellen Aktivitäten (bspw. Telekommunikation, Sicherheitsdienste etc.),
- die Beteiligung von ausländischen Investoren an Gesellschaften,
- die Anstellung von ausländischen Mitarbeitern (bspw. in Form von Quoten, besonderen Tätigkeiten etc.) sowie
- die Besetzung von Managementpositionen mit Ausländern.

Insoweit sollten im Vorfeld des Arbeitseinsatzes folgende Überlegungen angestellt werden:

- Unter welchen Bedingungen kann im Zielland eine Betriebsstätte registriert werden bzw. Gesellschaft gegründet werden, die als Arbeitgeber des einzusetzenden Arbeitnehmers fungieren kann?
- Unter welchen anderweitigen Bedingungen kann eine legale Anstellung des Arbeitnehmers erfolgen (bspw. Personalgestellung)?
- Kann mit der Betriebsstätte bzw. der Gesellschaft die avisierte kommerzielle Aktivität im Zielmarkt durchgeführt werden?
- Kann der Arbeitnehmer durch eine Anstellung in der Betriebsstätte bzw. Gesellschaft die avisierte kommerzielle Aktivität durchführen?

Unabhängig von den vorgenannten Fragestellungen sollte weiterer Kernbestandteil der Planungsüberlegungen sein, ob die Schaffung einer Struktur im Zielstaat (Betriebsstätte bzw. der Gesellschaft) in einem sinnvollen kommerziellen Verhältnis zu dem beabsichtigten Geschäft steht. Im Mittelpunkt steht die Frage, ob die Geschäftsaussichten, die mit dem Personaleinsatz verbunden sind, in einem sinnhaften Verhältnis zu den Gesamtkosten stehen. Folgende Kostenfaktoren, die einen Einfluss auf die Schaffung einer Struktur im Zielstaat (Betriebsstätte bzw. der Gesellschaft) haben, sind:

- Beratungskosten
- Registrierungs- bzw. Gründungs- und Administrationskosten sowie laufende Kosten
- Kosten für die Notarisierung, Beglaubigung und Überbeglaubigung von Zeugnissen des Arbeitnehmers
- Übersiedlungskosten und Allowances

3.2 Arbeitserlaubnis (work permit)

Für die Ausübung von kommerziellen Tätigkeiten ist es in der Regel erforderlich, dass Arbeitnehmer vor Beginn einer Tätigkeit eine Arbeitserlaubnis eingeholt haben.

> **Wichtig** Eine Arbeitserlaubnis (bzw. Arbeitsgenehmigung) besteht in einer formellen Erlaubnis eines ausländischen Arbeitnehmers, einer beruflichen Tätigkeit nachzugehen.
> Arbeitserlaubnisse sind mitunter persönlich, sachlich, räumlich und zeitlich begrenzt:

- Persönlich beschränkt sich die Arbeitserlaubnis auf diejenige Person, für die die Arbeitserlaubnis ausgestellt worden ist.
- Sachlich ist die Arbeitserlaubnis auf die in der Arbeitserlaubnis bezeichnete Tätigkeit begrenzt (bspw. Business Development Manager). Tätigkeiten, die außerhalb des originären Tätigkeitfeldes liegen, sind damit grundsätzlich untersagt. Zum Teil ist eine Arbeitserlaubnis auch an einen bestimmten Arbeitgeber gebunden.
- Räumlich ist die Arbeitserlaubnis auf das Land bzw. die Frei- oder Sonderwirtschaftszone beschränkt, für die die Arbeitserlaubnis ausgestellt worden ist.
- Zeitlich ist die Arbeitserlaubnis grundsätzlich durch ihre Befristung beschränkt.

Die Erteilung einer Arbeitserlaubnis steht jeweils in einem direkten Zusammenhang mit der Erteilung einer Aufenthaltserlaubnis. Aufenthalts- und

Arbeitserlaubnis bedingen sich also. Je nach Rechtslage im Zielstaat werden diese Erlaubnisse simultan gewährt bzw. es müssen gesonderte Genehmigungsverfahren durchlaufen werden.

3.2.1 Fließender Übergang zwischen geschäftsähnlicher Tätigkeit und Arbeit

Eine klare Trennung zwischen geschäftsähnlicher Tätigkeit und Arbeit im Sinne des einschlägigen Ausländerrechts ist nicht immer zwingend möglich. Insoweit ist gerade im Rahmen von vorbereitenden Aktivitäten (bspw. Markterkundungsreisen) darauf zu achten, dass die Grenzen zu einer arbeitserlaubnispflichtigen Tätigkeit nicht überschritten werden.

3.2.2 Arbeiten ohne Arbeitsgenehmigung

Ungeachtet dessen zeigt die Erfahrung, dass Servicepersonal insbesondere für kürzere Arbeiten über ein Touristenvisum (Visa on Arrival) in Zielstaaten einreisen, um Arbeiten auszuführen. Streng genommen sind derartige Tätigkeiten rechtswidrig.

Auch bei der sog. Workation liegt oftmals nur ein Touristenvisum vor und es fehlt an der erforderlichen Arbeitserlaubnis.

3.2.2.1 Haftungsrisiko des Arbeitnehmers

Die rechtlichen Konsequenzen im Falle einer Entdeckung variieren je nach Land stark. Es lässt sich aber feststellen, dass mitunter folgende Strafen drohen:

- Geld- und/oder kurz- bis mittelfristige Haftstrafen
- Ausweisung und Verhängung eines Wiedereinreiseverbots („Blacklisting")

Die Risiken trägt damit in erster Linie der Arbeitnehmer, der im Zielmarkt ohne gültige Arbeitserlaubnis aufgegriffen wird.

Je nach Ausgestaltung der vertraglichen Beziehungen zwischen Arbeitgeber und Arbeitnehmer und der Frage, wer die treibende Kraft für die Auslandstätigkeit war, kann der Arbeitnehmer die mit der Abschiebung verbundenen Kosten (Anwaltskosten, Strafen etc.) allerdings im Wege eines Schadensersatzanspruches gegenüber dem Arbeitgeber geltend machen.

3.2.2.2 Haftungsrisiko des faktischen Arbeitgebers

Aus unternehmerischer Sicht sollte beachtet werden, dass die Verhängung eines Wiedereinreiseverbots insbesondere dann problematisch ist, wenn das Unternehmen auf nur wenige erfahrene Mitarbeiter zurückgreifen kann. Dies ist bspw. besonders im Anlagen- und Maschinenbau relevant, wenn Serviceleistungen lediglich durch einen kleinen Mitarbeiterkreis erbracht werden können.

Schließlich ist festzuhalten, dass für den (faktischen) Arbeitgeber im Falle der Tätigkeit des Arbeitnehmers ohne eine gültige Arbeitserlaubnis ebenfalls ein Haftungsrisiko im Zielmarkt bestehen kann. Dieses besteht regelmäßig darin, dass der Arbeitgeber durch das Tätigwerden im Ausland (in Form seines Arbeitnehmers) gegen das Gebot verstößt, dass der ausländische Investor vor Tätigwerden Investitions- bzw. Gewerbeerlaubnisse einholen muss.

Auch Sanktionen in diesem Zusammenhang variieren je nach Land stark. Die Erfahrung zeigt allerdings, dass mitunter folgende Sanktionen greifen können:

- Verwaltungs- bzw. Geldstrafen
- „Blacklisting" in Bezug auf Vergabeverfahren bzw. zukünftige Investitions- bzw. Gewerbeerlaubnisse

Vor dem Hintergrund, dass der Arbeitgeber im Zielmarkt allerdings regelmäßig nicht greifbar ist, weil er gerade nicht über eine Betriebsstätte oder Gesellschaft verfügt, spielen Verwaltungs- bzw. Geldstrafen eine untergeordnete Rolle, da diese in der Praxis oftmals nicht vollstreckbar sind.

Soweit das Unternehmen allerdings im Zielmarkt bereits anderweitig kommerziell aktiv ist (bspw. durch die Teilnahme an Vergabeverfahren) oder beabsichtigt, im Zielmarkt eine Gesellschaft zu gründen, für die eine Investitionslizenz erforderlich ist, sollte verschärft auf eine arbeitserlaubnisrechtliche Compliance geachtet werden, um ein „Blacklisting" zu vermeiden.

3.2.2.3 Arbeitsgenehmigungsverfahren

Das Antragsverfahren für die Einholung der Arbeitsgenehmigung administriert in der Regel der Arbeitgeber durch die Betriebsstätte bzw. Gesellschaft im Zielmarkt. Es sollte im Vorfeld überprüft werden, ob es besondere Ausbildungsnachweispflichten in Bezug auf das avisierte Tätigkeitsspektrum gibt und wie und in welcher Form der Nachweis zu führen ist. Soweit bspw. Ausbildungszeugnisse notariell beglaubigt und legalisiert werden müssen, kostet dies in der Regel Zeit und Geld.

Legalisierungsprozesse können je nach konkreten Formerfordernissen mehrere Monate dauern. Die Kosten können sich auf einen vierstelligen Eurobereich belaufen.

3.2.2.4 Workforce Nationalisation

Im Rahmen des Einsatzes von ausländischem Fachpersonal im Gastland sollte im Übrigen berücksichtigt werden, inwieweit Arbeitsgenehmigungen überhaupt eingeholt werden können. Im Hinblick auf die demografische Ausgestaltung und volkswirtschaftlichen Zielsetzungen im Gastland können regulatorische Mindestanforderungen an die Beschäftigung von einheimischem Personal bestehen (sog. Workforce Nationalisation).

Hierbei sind u. a. die Staaten des Golfkooperationsrates zu nennen, die bspw. im Rahmen der Saudisierungs- und Omanisierungspolitik derartige Mindestanforderungen definiert haben. Je nach Betriebsgröße und geschäftlicher Ausrichtung muss jeweils eine Mindestzahl an einheimischen Mitarbeitern eingestellt werden. Im schlechtesten Fall kann solch eine Anforderung dazu führen, dass für die legale Anstellung eines Ausländers eine Vielzahl von einheimischen Mitarbeitern eingestellt werden muss, für die allerdings keine originäre Beschäftigungsmöglichkeit im Unternehmen besteht. Dies kann zum einen daran liegen, dass der Qualifikationsstandard im Gastland schlichtweg so schlecht ist, dass kein geeignetes Fachpersonal gefunden werden kann. Zum anderen wird in der Praxis oftmals auf Billigkräfte ausgewichen und somit ein faktisches „Schattenteam" eingestellt, welches zwar auf der Payroll ist, jedoch bisweilen nicht einmal zur Arbeit erscheint.

Neben dem vorgenannten System (insbesondere im Mittleren Osten relevant) gibt es im Übrigen sog. Quotensysteme. Demnach dürfen bspw. in Ägypten in Kapitalgesellschaften grundsätzlich maximal 10 % der Belegschaft Ausländer sein. Neben dieser relativen Begrenzung besteht eine weitere Begrenzung darin, dass nicht mehr als 20 % der Payroll ausländischem Fachpersonal zugeordnet werden kann.

Schließlich sehen andere Jurisdiktionen (bspw. Thailand) eine Bindung zwischen der Erteilung von Arbeitsgenehmigungen und dem Stammkapital der Gesellschaft vor. Für eine thailändische Gesellschaft mit beschränkter Haftung (Company Limited) ist demnach vorgesehen, dass eine Arbeitsgenehmigung pro 2 Mio. THB (ca. 55.000 EUR) Stammkapital möglich ist.

Von diesen Grundregelungen wird vielfach eine Ausnahme gemacht. Dies gilt insbesondere dann, wenn im Gastland entsprechende Investitionserleichterungen für bestimmte Geschäftszweige bestehen. Derartige Investitionsförderungen können zum einen dazu führen, dass vergünstigte Visaquoten für ausländisches Fachpersonal angeboten werden. Zum anderen unterliegt der Antragsprozess für Arbeitsgenehmigungen oftmals einem beschleunigten Verfahren.

▶ Vor diesem Hintergrund sollte nicht nur bei einer Entsendung, sondern auch im Rahmen der Strukturierung von Investitionen im Ausland stets mit überlegt werden, in welcher Dichte von ausländischem Fachpersonal Gebrauch gemacht werden kann bzw. muss. Denn soweit die lokalen Regelungen den Einsatz ausländischer Fachkräfte stark eingrenzen, sollte geprüft werden, ob die Investition bspw. über eine Investitionsförderung gestaltet werden kann.

3.3 Aufenthaltserlaubnis

Neben der Arbeits- muss teilweise auch eine Aufenthaltserlaubnis eingeholt werden.

▶ Eine Aufenthaltserlaubnis ist eine zweckgebundene Erlaubnis, die es dem Ausländer ermöglicht, innerhalb des Befristungszeitraums im Gastland zu bleiben. Die Zweckbindung steht u. a. in einem Zusammenhang mit einer Erwerbstätigkeit (bspw. für den eingesetzten Arbeitnehmer) bzw. mit familiären Gründen (Lebenspartner und Kinder des Arbeitnehmers).

Arbeits- und Aufenthaltsgenehmigung werden je nach Ausgestaltung der behördlichen Zuständigkeit (Zuständigkeit eines oder mehrerer Behörden) in einem einheitlichen oder mehrstufigen Verfahren erteilt. Für den Fall, dass der Investor die Betriebsstätte bzw. Gesellschaft über eine Investitionsförderbehörde strukturiert, können ausnahmsweise auch beschleunigte Genehmigungsverfahren zur Anwendung gelangen.

Erwähnenswert ist schließlich, dass Aufenthaltserlaubnisse der Familienmitglieder des Arbeitnehmers in der Regel erst dann beantragt werden können, wenn die Aufenthaltserlaubnis des Arbeitnehmers erteilt worden ist (Ableitungsprinzip).

3.4 Personalgestellung

Die Personalgestellung wird grundsätzlich in konzerninterne und -externe Personalgestellung unterteilt. Ungeachtet der Form stellen sich zahlreiche körperschaft-, einkommen- und umsatzsteuerliche Themen sowie gewerbe- bzw. lizenzrechtliche Fragestellungen. Im Rahmen einer konzerninternen Personalgestellung muss in der Regel außerdem der Fremdvergleichsgrundsatz eingehalten werden. Im Übrigen können sich Betriebsstättenrisiken ergeben (Abschn. 4.2).

3.4.1 Konzerninterne Personalgestellung

Die konzerninterne Personalgestellung – in der Regel in Form einer Mitarbeiterentsendung – setzt grundsätzlich voraus, dass der Mitarbeiter für eine konzernverbundene Niederlassung oder Tochtergesellschaft arbeitet. Die Entsendung ist in der Regel befristet, um auf der einen Seite schädliche sozialversicherungsrechtliche Wirkungen zu vermeiden (Ausstrahlungswirkung gemäß § 4 SGB IV). Auf der anderen Seite zielt die klassische Mitarbeiterentsendung in aller Regel auf die spätere Wiedereingliederung des entsandten Mitarbeiters in den heimischen Betrieb ab.

Es ist zwingend sicherzustellen, dass die Tätigkeit des entsandten Mitarbeiters von dem Geschäftszweck des verbundenen Unternehmens gedeckt ist. Gerade bei Unternehmen, die nicht direkt miteinander verbunden sind, ist immer wieder festzustellen, dass die Geschäftszwecke divergieren.

Falls dies der Fall ist, sollte eine Anpassung des Geschäftszwecks erfolgen. Diese muss im Wege einer Satzungsänderung vorgenommen werden. Je nachdem wie streng die Formerfordernisse sind (z. B. Notarisierung und Legalisierung des Gesellschafterbeschlusses), bedarf dies eines gewissen zeitlichen Vorlaufs.

Weiterhin muss überlegt werden, ob die ausländische Gesellschaft über die jeweils erforderlichen Gewerbeerlaubnisse bzw. Lizenzen verfügt.

3.4.2 Konzernexterne Personalgestellung

Im Gegensatz zur Mitarbeiterentsendung mangelt es zahlreichen Unternehmen an der Möglichkeit, ihre eigenen Mitarbeiter in einer eigenen oder konzernverbundenen Niederlassung oder Gesellschaft anzustellen, weil es schlicht an einem solchen Corporate Vehicle fehlt. Dies kann darauf zurückzuführen sein, dass das Geschäftsmodell es nicht ermöglicht, dass Tochtereinheiten gegründet werden, da z. B. keine langfristigen Vertragsbeziehungen zu erwarten sind und angrenzende Dienstleistungen grundsätzlich nicht im Fokus stehen. Im Wesentlichen stehen die folgenden Modelle zur Verfügung:

- Personalgestellung an Kunden
- Personalgestellung an Subunternehmer
- Personalgestellung über Manpower-Anbieter
- Employer of Record

Es besteht die Möglichkeit, einen Mitarbeiter im Rahmen einer Personalgestellung an den Kunden (sog. Secondment) zu „verleihen". Bei dieser Variante wird der Mitarbeiter unmittelbar zum Kunden entsandt und bei diesem für die Dauer des Secondments angestellt.

Bei allen vorgestellten Konstellationen ist anhand des lokalen Rechts zu prüfen, welche Voraussetzungen bzw. Beschränkungen bestehen. In vielen Ländern gibt es ein dem deutschen/europäischen Arbeitnehmerüberlassungsgesetz vergleichbares Regelwerk, das wesentliche Beschränkungen für die Überlassung von Arbeitskräften vorsieht. In diesen Fällen ist zu prüfen, ob ein Dienst- oder Werkvertrag zwischen den beteiligten Unternehmen eine Alternative darstellen kann. In jedem Fall wird es einer speziellen Vereinbarung mit dem betroffenen Arbeitnehmer bedürfen, da dessen Arbeitsvertrag in der Regel keinen Einsatz in einem vom Vertragsarbeitgeber abweichenden Unternehmen vorsehen wird.

Ihr Transfer in die Praxis

- Unternehmen und Personalabteilung müssen im Nicht-EU-Ausland in aller Regel eine Aufenthaltsgenehmigung und eine Arbeitserlaubnis für den entsandten Mitarbeiter und ggf. dessen Familienangehörige einholen
- Ggf. muss ein Corporate Vehicle gegründet werden, über welches die Aufenthaltsgenehmigung und die Arbeitserlaubnis laufen
- Die Entsendung eines Mitarbeiters ins Ausland kann über verschiedene Modelle erfolgen, wie die interne oder externe Personalgestellung ◄

Literatur

Frank-Fahle, Kernfragen der internationalen Personalgestellung, in: PIStB 2019, 294 ff.
Jacobs/Endres/Spengel (Hrsg.), Internationale Unternehmensbesteuerung, 9. Aufl. 2023, München.

Steuerliche Aspekte 4

> **Was Sie aus diesem Kapitel mitnehmen**
> - Das Risiko der Doppelbesteuerung des Einkommens durch das Heimatland einerseits und das Einsatzland andererseits kann durch Doppelbesteuerungsabkommen in der Regel aufgelöst werden.
> - Bei Beibehaltung des steuerlichen Wohnsitzes im Heimatland ist für den entsandten Arbeitnehmer sind die Regelungen über die erweiterte beschränkte Steuerpflicht und die Wegzugsbesteuerung des Außensteuergesetzes (AStG) zu beachten.
> - Inwiefern ein Gehaltssplitting bei dem entsandten Arbeitnehmer günstige steuerliche Auswirkungen erreichen kann.
> - Der steuerliche Umgang mit Allowances und die damit verbundenen Folgen.

In Anbetracht der Zunahme von grenzüberschreitenden Entsendungen werden auch die damit verbundenen steuerlichen Implikationen immer wichtiger. Insbesondere werden bei der Arbeitnehmerentsendung ins Ausland eine Reihe von Fragen aufgeworfen. Für den Arbeitnehmer geht es in erster Linie darum, in welchem Land (Heimat- oder Gastland) er mit seinem Gehalt bzw. seinen Vergütungen der beschränkten oder unbeschränkten Steuerpflicht unterliegt, und ob eine Doppelbesteuerung im Wohnsitzstaat und im Tätigkeitsstaat droht. Außerdem müssen in diesem Zusammenhang auch die Betriebsstättenrisiken für das Unternehmen beachtet werden, die im Rahmen einer internationalen Entsendung auftreten können.

© Der/die Herausgeber bzw. der/die Autor(en), exklusiv lizenziert an Springer Fachmedien Wiesbaden GmbH, ein Teil von Springer Nature 2024
C. Frank-Fahle, R. Falder, *Quick Guide Grenzüberschreitender Mitarbeitereinsatz*, Quick Guide, https://doi.org/10.1007/978-3-658-46292-5_4

4.1 Einkommensbesteuerung

Im Rahmen der Planung des Arbeitnehmereinsatzes spielt die steuerliche Situation eine wesentliche Rolle. Diese hängt u. a. von folgenden Faktoren ab:

- Gibt der Arbeitnehmer seinen steuerlichen Wohnsitz im Heimatland auf?
- Erfolgt die Entlohnung durch die Einsatzgesellschaft im Zielland oder durch die Heimatgesellschaft bzw. trägt diese das Gehalt im Rahmen einer Rückbelastung?

Das Bundesarbeitsgericht sieht bislang keine Pflicht zur Aufklärung über steuerrechtliche Konsequenzen eines Mitarbeiterauslandseinsatzes (BAG, Urteil vom 22.1.09, 8 AZR 161/08). Arbeitgeber müssen jedoch darauf achten, dass die angegebenen Informationen korrekt sind, wenn sie diesbezüglich Auskunft erteilen. Dies gilt auch mit Blick auf die Einschaltung von externen Beratern/Steuerberatern. Externe Berater gelten rechtlich betrachtet grundsätzlich als sog. Erfüllungsgehilfen, deren Verhalten sich der Arbeitgeber zurechnen lassen muss (§ 278 S. 1 BGB). Im Fall einer Haftung des Arbeitgebers wegen der Erteilung nichtzutreffender Auskünfte des externen Beraters, die zu einem Schaden beim Arbeitnehmer führen, kann der Arbeitgeber den externen Berater allerdings im Regelfall in Regress nehmen.

4.1.1 Beibehaltung eines Steuerwohnsitzes im Heimatland – Doppelbesteuerungsabkommen

Behält der Arbeitnehmer seinen steuerlichen Wohnsitz bspw. in Deutschland bei, unterliegt auch das im Ausland erworbene Gehalt grundsätzlich der deutschen Besteuerung (sog. Welteinkommensprinzip). Die unbeschränkte Steuerpflicht greift gemäß § 1 Abs. 1 S. 1 EStG, wenn der Mitarbeiter im Inland, d. h. Deutschland, einen Wohnsitz oder seinen gewöhnlichen Aufenthalt hat. Gemäß § 8 AO hat jemand seinen Wohnsitz dort, wo er eine Wohnung unter Umständen innehat, die darauf schließen lässt, dass er die Wohnung beibehalten und benutzen wird.

> Dabei ist der Begriff der Wohnung sehr weit gefasst. Auch eine kleine Ferienwohnung kann zur Begründung eines Wohnsitzes in Deutschland ausreichen (BFH, Urteil vom 26.8.2020 – II R 39/18). Nach der Rechtsprechung des BFH kommt es insbesondere auf die Verfügungsgewalt über die Wohnung an (BFH, Urteil vom 23.11.2000 – VI R 107/99). Die Verfügungsgewalt kann dem entsandten Mitarbeiter auch durch seine in der bisherigen Wohnung fortlebenden Familie (Ehegatte, Kinder) vermittelt werden (BFH, Urteil vom 30.11.2010 –

4.1 Einkommensbesteuerung

VI B 100/10). Vermietet der entsandte Mitarbeiter seine bisherige Wohnung, gibt er die Verfügungsgewalt auf. Die Abmeldung beim Einwohnermeldeamt allein reicht zur Aufgabe des steuerlichen Wohnsitzes nicht aus.

Je nachdem, ob das Gehalt auch im Zielstaat nach lokalem Recht steuerpflichtig ist, kann es zu einer Doppelbesteuerung kommen. Dies ist regelmäßig dann der Fall, wenn das Gehalt von der Gesellschaft im Ausland getragen und ausbezahlt wird. Im Fall der Besteuerung nach deutschem und nach ausländischem Recht stellt sich die Frage, wie die Doppelbesteuerung beseitigt werden kann. Sofern zwischen Deutschland und dem Tätigkeitsstaat ein Doppelbesteuerungsabkommen besteht, gilt grundsätzlich das Arbeitsortsprinzip. Demnach steht das Besteuerungsrecht dem Staat zu, in dem der entsandte Mitarbeiter arbeitet. Hiervon kann es allerdings auch Ausnahmen geben. Art. 15 des OECD Musterabkommens liegt folgendes Prüfungsmuster zugrunde (Abb. 4.1).

Aus deutscher Sicht muss also geprüft werden, ob und in welchem Umfang der Arbeitslohn im Inland steuerpflichtig ist oder ob eine Steuerfreistellung nach einem Doppelbesteuerungsabkommen bzw. einer anderen Regelung (Auslandstätigkeitserlass) erfolgt oder ob eine Anrechnung bzw. ein Abzug der ausländischen Steuern gemäß § 34c Abs. 1 bzw. 2 EStG in Betracht kommt.

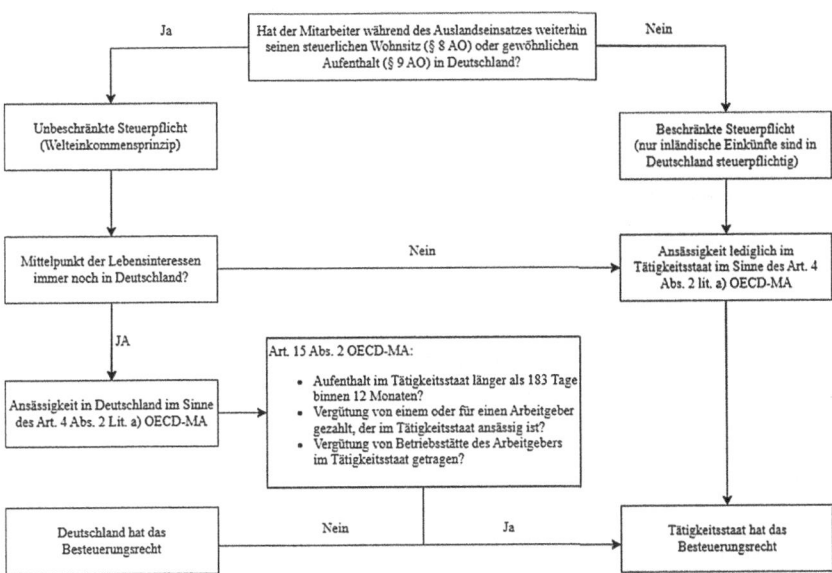

Abb. 4.1 Regelungssystematik des Art. 15 OECD-MA

Beim internationalen Mitarbeitereinsatz in Betriebsstättenstrukturen gilt eine Sonderregelung. Nach Art. 15 Abs. 2 des OECD-Musterabkommens unterliegen Mitarbeiter im Tätigkeitsstaat nur dann der Besteuerung, wenn

- sie sich insgesamt länger als 183 Tage innerhalb eines Kalender- oder Steuerjahres im Tätigkeitsstaat aufgehalten haben oder
- der Arbeitgeber, der die Vergütung zahlt oder für den die Vergütung gezahlt wird, im Tätigkeitsstaat ansässig ist oder
- der Arbeitslohn nicht von einer Betriebsstätte, die der Arbeitgeber im Tätigkeitsstaat hat, getragen wird.

4.1.2 Aufgabe eines Steuerwohnsitzes im Heimatland

Gerade bei längeren Auslandsaufenthalten bietet es sich an, den Steuerwohnsitz in Deutschland aufzugeben, um bspw. von einem günstigeren Steuersatz im Ausland zu profitieren (bspw. keine Einkommensbesteuerung in den Vereinigten Arabischen Emiraten) oder den administrativen Aufwand der Abgabe einer Steuererklärung zu vermeiden.

Im Falle der Aufgabe des Steuerwohnsitzes ist allerdings zu beachten, dass beim Wegzug in ein sog. Niedrigsteuerland oder wenn der Arbeitnehmer 1 % oder mehr der Anteile an einer Kapitalgesellschaft (§ 17 Abs. 1 S. 1 EStG) hält, die Regelungen über die erweiterte beschränkte Steuerpflicht und die Wegzugsbesteuerung zu beachten sind (§§ 2 und 6 AStG). Das ist insbesondere bei Beteiligungen an Familienunternehmen von Relevanz.

4.1.2.1 Erweiterte beschränkte Einkommensteuerpflicht (§ 2 AStG)

Die erweiterte beschränkte Einkommensteuerpflicht nach § 2 AStG greift ausschließlich bei natürlichen Personen und setzt voraus, dass

- in den letzten zehn Jahren vor dem Wegzug ins Ausland für mindestens fünf Jahre
- die unbeschränkte Einkommensteuerpflicht bestanden hat,
- im gleichen Zeitraum für mindestens fünf Jahre die deutsche Staatsangehörigkeit vorgelegen hat,
- eine Ansässigkeit in einem Niedrigsteuerland begründet wird,
- wesentliche wirtschaftliche Interessen im Inland bestehen und
- die Freigrenze überschritten wird.

Die Zehnjahresfrist wird von dem Tag an zurückgerechnet, an dem der Steuerpflichtige seinen Wohnsitz im Inland aufgibt.

4.1 Einkommensbesteuerung

Ob im Rahmen der erweiterten beschränkten Einkommensteuerpflicht der Wegzug in ein Niedrigsteuerland vorliegt, ermittelt sich anders als in § 8 Abs. 3 AStG nicht anhand eines absoluten Steuersatzes. Die Feststellung gemäß § 2 Abs. 2 Nr. 1 AStG erfolgt durch einen Vergleich der effektiven Einkommensteuerbelastung.

Ein Niedrigsteuerland liegt danach vor, wenn die effektive Belastung durch die Einkommensteuer im Zielland bei einer unverheirateten Person, die ein steuerpflichtiges Einkommen von 77.000 EUR bezieht, um mehr als ein Drittel geringer ist als die vergleichbare Einkommensteuerbelastung in Deutschland. Es ist also eine abstrakte Betrachtungsweise zugrunde zu legen.

▶ Gemäß § 2 Abs. 2 Nr. 2 AStG kann sich eine niedrigere Steuerbelastung im Rahmen eines konkreten Belastungsvergleichs ergeben, wenn sich beim Auswanderer die tatsächlich erhobene ausländische Einkommensteuer aufgrund einer gegenüber der allgemeinen Besteuerung eingeräumten Vorzugsbesteuerung erheblich gemindert hat. Dies ist bspw. der Fall, wenn sich die Einkommensteuer auf der Grundlage einer gewährten Investitionsförderung vermindert.

Weitere Voraussetzungen der erweiterten unbeschränkten Einkommensteuerpflicht sind, dass

- wesentliche unmittelbare wirtschaftliche Interessen (§ 2 Abs. 3 AStG) in Deutschland bestehen, sei es in Form von
  - einer gewerblichen Betätigung bzw. Beteiligung an einem gewerblichen Unternehmen im Inland (§ 2 Abs. 3 Nr. 1 AStG),
  - inländischen Mindesteinkünften (§ 2 Abs. 3 Nr. 2 AStG) oder
  - bestimmten Zusammensetzungen des inländischen Vermögens (§ 2 Abs. 3 Nr. 3 AStG)
- wesentliche mittelbare wirtschaftliche Interessen (§ 2 Abs. 4 AStG) in Deutschland bestehen, indem eine Person unter den Voraussetzungen des § 5 AStG an einer ausländischen Gesellschaft beteiligt ist, die ihrerseits wesentliche unmittelbare wirtschaftliche Interessen in Deutschland hat.

Auch die Freigrenze des § 2 Abs. 1 S. 3 AStG (16.500 EUR) muss überschritten werden, damit die erweiterte beschränkte Steuerpflicht Anwendung findet.

Soweit die vorgenannten Voraussetzungen vorliegen, ist der entsandte Mitarbeiter gemäß § 2 Abs. 1 AStG bis zu zehn Jahre nach Ende des Jahres, in dem seine unbeschränkte Steuerpflicht endet (längstens für elf Jahre) mit allen Einkünften, die nicht ausländische Einkünfte i. S. d. § 34d EStG sind, erweitert beschränkt steuerpflichtig. Durch die erweitert beschränkte Steuerpflicht wird der Katalog der beschränkt steuerpflichtigen Einkünfte des Steuerpflichtigen ausgedehnt. Außerdem bewirkt die erweitert beschränkte Steuerpflicht, dass die Abgeltungswirkung der Einkünfte, die dem Steuerabzug unterliegen (z. B. Dividenden, Zinsen, Einkünfte aus unselbstständiger Tätigkeit) aufgehoben wird (§ 2 Abs. 5 AStG), und dass die gesamten, in Deutschland steuerpflichtigen Einkünfte im vorgenannten Zeitraum der Besteuerung unterliegen.

4.1.2.2 Besteuerung des Vermögenszuwachses (§ 6 AStG)

Bei der Begründung eines neuen steuerlichen Wohnsitzes im Ausland und der Aufgabe des steuerlichen Wohnsitzes in Deutschland ist schließlich zu bedenken, dass dieser Vorgang der Wegzugsbesteuerung unterliegen kann, wenn Anteile an einer Kapitalgesellschaft gehalten werden und bestimmte Voraussetzungen erfüllt sind.

Denn mit dem Wegzug einer natürlichen Person geht für den bisherigen Ansässigkeitsstaat häufig der Verlust des Besteuerungsrechts von stillen Reserven in Kapitalgesellschaftsanteilen einher.

Die Wegzugsbesteuerung nach § 6 AStG greift ausschließlich bei natürlichen Personen und setzt voraus, dass

- diese innerhalb der letzten zwölf Jahre vor dem Wegzug (Aufgabe des Wohnsitzes oder des gewöhnlichen Aufenthalts) mindestens sieben Jahre unbeschränkt steuerpflichtig waren und
- sie mindestens 1 % der Anteile an einer inländischen oder ausländischen Kapitalgesellschaft im Privatvermögen hält.

Anders als im Rahmen des § 2 AStG kommt es auf die Staatsangehörigkeit sowie auf einen Wegzug in ein Niedrigsteuerland nicht an. Gemäß § 1 Abs. 1 S. 2 Nr. 2 AStG steht der Beendigung der unbeschränkten Steuerpflicht gleich, wenn ein abkommensrechtlicher Wohnsitz im Ausland begründet wird (Tie-Breaker-Rule).

Liegen die Voraussetzungen nach § 6 AStG vor, gelten die Kapitalanteile als zum gemeinen Wert veräußert. Der gemeine Wert entspricht dem Betrag, der im Verkaufsfall üblicherweise als Erlös erzielbar ist. Die Differenz zu den Anschaffungskosten ist der zu versteuernde Gewinn. Da eine Veräußerung tatsächlich nicht stattgefunden hat, kann das zu erheblichen Liquiditätsproblemen des entsandten Mitarbeiters führen.

§ 6 AStG sieht deshalb gewisse Ausnahmen und Erleichterungen vor. So kann der Steueranspruch des Staates entfallen, wenn der entsandte Mitarbeiter innerhalb von sieben Jahren nach seinem Wegzug wieder unbeschränkt steuerpflichtig wird (also zurückkehrt) und seine Beteiligung in der Zwischenzeit nicht veräußert hat. Diese Frist kann auf Antrag sogar noch um weitere fünf Jahre verlängert werden, wenn die Absicht zur Rückkehr unverändert fortbesteht. Außerdem kann der entsandte Mitarbeiter beantragen, die festgesetzte Steuer in sieben gleichen Jahresraten zu entrichten. Das Finanzamt soll dem Antrag allerdings in der Regel nur gegen Sicherheitsleistung stattgeben.

4.1.3 Gehaltssplitting/Payroll-Split

Günstige steuerliche Auswirkungen lassen sich im Übrigen durch einen sog. Payroll-Split insbesondere dann erreichen, wenn im Zielland nicht das sog. Welteinkommensprinzip verwendet wird und der Arbeitnehmer weitere regionale bzw. überregionale Tätigkeiten wahrnimmt, die außerhalb des Ziellands ausgeübt werden.

Als Beispiel lässt sich Thailand anführen. In vielen Fällen werden Mitarbeiter z. B. neben der Geschäftsführung der Tochtergesellschaft in Thailand auch mit der Entwicklung des Geschäfts (Business Development) in den übrigen südostasiatischen Staaten betraut. Im Regelfall wird der Mitarbeiter dann einen Gesamtvertrag über seine Aufgaben als Geschäftsführer in Thailand und seine Geschäftsentwicklungsaufgaben in der Region mit der Tochtergesellschaft abschließen. Unter der Prämisse, dass das Gehalt von der thailändischen Tochtergesellschaft getragen wird, wäre dieses Gesamtgehalt dann in Thailand voll einkommensteuerpflichtig.

Möglich ist allerdings auch, die Leistungen in Bezug auf die Geschäftsentwicklung in Südostasien (exklusive Thailand) aus dem Leistungsumfang des thailändischen Arbeitsverhältnisses herauszunehmen und hierfür einen gesonderten Vertrag mit der deutschen Muttergesellschaft abzuschließen.

Soweit der Mitarbeiter einen ausschließlichen steuerlichen Wohnsitz in Thailand hat (also keinen Steuerwohnsitz in Deutschland), wären diese Einkünfte unter folgenden weiteren Voraussetzungen in Deutschland einkommensteuerfrei:

- Die Leistungen dürfen in Deutschland nicht im Sinne des § 49 Abs. 1 Nr. 4 Buchst. a) EStG verwertet werden. Nach der Rechtsprechung des BFH ist unter „Verwerten" ein Vorgang zu verstehen, durch den der Arbeitnehmer das Ergebnis seiner nicht selbstständigen Arbeit seinem Arbeitgeber zuführt (BFH, Urteil vom 12.11.1986, I R 69/83, BStBl II 87, 379). Je nach Ausgestaltung des Aufgabenspektrums (z. B. die Erstellung von Marktstudien ist beschränkt steuerpflichtig bzw. Anbahnung von Vertragsabschlüssen ist nicht steuerpflichtig in Deutschland) kann die Tätigkeit der beschränkten Steuerpflicht unterliegen.
- Soweit eine beschränkte Steuerpflicht besteht (§ 1 Abs. 4 i. V. m. § 49 Abs. 1 Nr. 4 Buchst. a) EStG), droht eine Doppelbesteuerung. Soweit die Vergütungen

auf die Tätigkeiten in Südostasien (exklusive Thailand) entfallen, sind sie in dieser Konstellation gemäß Art. 14 Abs. 1 DBA Deutschland-Thailand im Ansässigkeitsstaat (Thailand) zu besteuern. Der Mitarbeiter sollte daher vor Wegzug aus Deutschland einen Antrag auf Befreiung von dem Lohnsteuerabzugsverfahren stellen (§ 39 Abs. 4 Nr. 5 EStG), um das Gehalt brutto ausgezahlt zu bekommen.

- Das Gehalt für die regionale Tätigkeit muss auf ein Konto außerhalb Thailands (z. B. das deutsche Gehaltskonto des Mitarbeiters) ausbezahlt werden und darf nicht innerhalb desselben Kalenderjahres nach Thailand verbracht werden (z. B. per Überweisung auf ein thailändisches Konto oder Bankabhebung in Thailand), da es ansonsten in Thailand steuerpflichtig wird (Sec. 41(2) Revenue Code).
- Die Aufteilung der Gehälter muss schließlich angemessen sein, d. h. es muss gewährleistet werden, dass der Mitarbeiter eine seiner tatsächlichen Anstellung in Thailand entsprechende, marktkonforme Vergütung erhält, sodass der Payroll-Split sich auch vor den thailändischen Finanzbehörden rechtfertigen lässt.

4.1.4 Steuerlicher Umgang mit Allowances

Darüber hinaus sollte im Vorfeld überprüft werden, wie mit Allowances steuerlich umgegangen wird. Im Mittelpunkt steht hierbei die Frage, ob bzw. inwieweit Allowances steuerpflichtig sind. In der Regel kommt es u. a. auf folgende Gehaltsbestandteile an:

- Relocation Allowance (Umzugskosten, Anreisekosten etc.)
- Kosten für die Wohnungssuche
- Kosten für die Beschaffung von Visa und anderen Genehmigungen, insbesondere Arbeitsgenehmigung (work permit)
- Flugkosten für Hin-/Rückflug zur Arbeitsaufnahme bzw. regelmäßige Heimflüge
- Hardship Allowance (Erschwerniszulage)
- Housing Allowance (Unterkunftskosten)
- Kindergarten- und Schulgebühren
- Steuerberatungskosten
- Firmenwagen
- Versicherungen
- Sozialversicherungsbeiträge im Heimatland

Die Frage der Steuerpflichtigkeit von Allowances ist insbesondere vor dem Hintergrund relevant, dass der Arbeitnehmer einkommenstechnisch nicht schlechter gestellt werden soll als im Heimatstaat. Dies lässt sich u. a. am Beispiel von

Schulgebühren verdeutlichen: Sind bspw. Schulgebühren im Zielland unvermeidbar (weil die Kinder auf eine internationale Schule besuchen müssen, um den Ausbildungsstand auf einem gleichen Niveau wie im Heimatstaat zu halten), stellt sich die Frage, ob diese Zusatzkosten, die dem Mitarbeiter als Gehaltsbestandteil erstattet werden, steuerpflichtig sind. Ist das der Fall, muss der entsandte Arbeitnehmer auch auf diesen Gehaltsbestandteil Steuern entrichten. Das hat zur Folge, dass sich dieser Gehaltsbestandteil um die darauf entfallenden Steuern reduziert. Der entsandte Arbeitnehmer bleibt auf der Differenz also „sitzen". Folglich sind Arbeitnehmer und Arbeitgeber gut beraten, bereits im Vorfeld zu klären, ob und inwieweit Allowances steuerpflichtig sind, und im Falle einer Steuerpflicht Lösungswege zu erarbeiten. Die Erfahrung zeigt, dass in derartigen Fällen auf eine sog. Nettolohnvereinbarung zurückgegriffen wird.

▶ Eine Nettolohnvereinbarung ist eine arbeitsvertragliche Vereinbarung, wonach sich der Arbeitgeber gegenüber dem Arbeitnehmer verpflichtet, einen garantierten Nettolohn (unabhängig von darauf anfallender Lohnsteuer und etwaigen Sozialversicherungsbeiträgen) zu zahlen.

4.2 Betriebsstättenrisiko

Wird eine gewerbliche Tätigkeit durch den entsandten Mitarbeiter ohne die Gründung einer Niederlassung bzw. einer Gesellschaft unter Einhaltung der investitionsrechtlichen Rahmenbedingungen ausgeübt, kann dies ferner steuerliche Auswirkungen für den (ausländischen) Arbeitgeber nach sich ziehen. Denn auch ohne eine feste Geschäftseinrichtung kann bereits aufgrund faktischer Tätigkeit im Zielmarkt eine sog. steuerliche Betriebsstätte begründet werden.

Beispiel: Tätigkeit des Arbeitnehmers in Kapstadt

Durch die Tätigkeit des Arbeitnehmers in Kapstadt (Verkauf von Produkten sowie Durchführung entsprechender Dienstleistungen durch den entsandten Mitarbeiter ohne eine feste Niederlassung in Kapstadt zu haben) besteht für den Arbeitgeber das Risiko, dass dieser in der südafrikanischen Stadt eine steuerliche Betriebsstätte begründet. ◀

Oftmals geschieht die Begründung einer steuerlichen Betriebsstätte zum einen bei Bau- und Montageprojekten, die eine gewisse Dauer überschreiten (sog. Montage-Betriebsstätte). Zum anderen können abhängige Vertreter im Ausland eine sog. Vertreterbetriebsstätte begründen.

▶ International besteht weitgehend Konsens, dass der Betriebsstättenbegriff den heutigen Geschäftsmodellen nicht stets gerecht wird. Denn in vielen Fällen kann eine Besteuerung mangels physischer Präsenz im Quellenstaat vermieden werden, obwohl ein wesentlicher Teil der Wertschöpfung dort stattfindet. Vor diesem Hintergrund wurde das OECD-Musterabkommen 2017 angepasst. Demnach kann es für die Begründung einer Vertreterbetriebsstätte bereits ausreichen, wenn der abhängige Vertreter regelmäßig eine wesentliche Rolle bei Vertragsabschlüssen spielt. Einer Abschlussvollmacht bedarf es dazu nicht.

Auf Rechtsfolgenseite führt die Begründung einer steuerlichen Betriebsstätte des Arbeitgebers durch die Tätigkeit des grenzüberschreitend eingesetzten Mitarbeiters letztlich in der Regel zur lokalen Steuerpflicht des entsandten Mitarbeiters. Diese kann nur durch eine entsprechende Beantragung im Vorfeld der grenzüberschreitenden Tätigkeit vermieden werden.

Neben den Auswirkungen der Betriebsstätte auf den Arbeitnehmer sind in erster Linie die steuerlichen Folgen für das Unternehmen zu berücksichtigen. Das ausländische Unternehmen wird mit künftigen Einkünften, die der Betriebsstätte zuzuordnen sind, grundsätzlich im Ausland steuerpflichtig. Damit wird der Gewinn, der der Betriebsstätte im Gastland zuzurechnen ist, auch im Gastland steuerpflichtig.

Vor diesem Hintergrund sollten die Voraussetzungen für Betriebsstätten bei der Entsendung von Mitarbeitern auch stets Berücksichtigung finden, um die unbeabsichtigte Begründung einer solchen und die damit verbundenen steuerlichen Konsequenzen für das Unternehmen zu vermeiden.

Ihr Transfer in die Praxis

- Bei der Bewertung der Besteuerung des Einkommens des entsandten Mitarbeiters müssen insbesondere Doppelbesteuerungsabkommen miteinbezogen werden.
- Im Falle der Aufgabe des steuerlichen Wohnsitzes im Heimatland und Fortzug ins Ausland sind die Regelungen über die erweiterte beschränkte Steuerpflicht und Wegzugsbesteuerung zu beachten.
- Ggf. können sich durch den Einsatz des entsandten Mitarbeiters im Ausland Betriebsstättenrisiken ergeben, die mit einer entsprechenden Planung im Vorfeld vermieden werden können. ◀

Literatur

Beduhn/Staudler, Betriebsstättenbegründung bei Dienstleistungserbringung in fremden Räumen aus Sicht des deutschen Steuerrechts- ein Update, in: IStR 2019, 561 ff.

Erhart/Ehrsam, Payroll-Split für international tätige Mitarbeiter – Steuer- und sozialversicherungsrechtliche Aspekte, in: StB 2007, 59 ff.

Görl, Steuerliche Probleme bei der Mitarbeiterentsendung, in: IStR 2002, 443 ff.

Graf Kerssenbrock, „Stolpersteine" auf dem Weg ins Ausland – nicht nur für den Mittelstand, in: BC 2019, 596 ff.

Grobys/Panzer-Heemeier, StichwortKommentar Arbeitsrecht, 4. Auflage, Edition 5 2024.

Jacobs/Endres/Spengel (Hrsg.), Internationale Unternehmensbesteuerung, 9. Aufl. 2023, München.

Mauer (Hrsg.), Personaleinsatz im Ausland, 3. Aufl. 2019, München.

Wellisch/Näth, Lohnbesteuerung in Deutschland bei internationalen Mitarbeiterentsendungen, in: IStR 2005, 433 ff.

Versicherungsrechtliche Aspekte 5

> **Was Sie aus diesem Kapitel mitnehmen**
> - (Bilaterale) Sozialversicherungsabkommen als Basis für ein Weiterbestehen der Sozialversicherungspflicht im Heimatland
> - Ausstrahlungswirkung des einheimischen Sozialgesetzbuchs
> - Anderweitiger – nötigenfalls – privat abzuschließender Versicherungsschutz

5.1 Sozialversicherung (EU/Abkommen/Drittstaaten)

Die Absicherung des Arbeitnehmers gegen die Risiken Krankheit, Arbeitslosigkeit, Altersarmut und berufliche Risiken steht besonders bei Auslandseinsätzen mit oft erhöhten Risiken im Fokus des Interesses, insbesondere der betroffenen Mitarbeiter. Dabei wird vielfach, allerdings nicht immer, die deutsche Sozialversicherung als vorbildlich angesehen und ein Verbleib darin ist insbesondere von langjährigen Mitarbeitern mit erworbenen Besitzständen erwünscht. Dies hat erhebliche Auswirkungen auf die Strukturierung vieler Entsendungen.

Das internationale Sozialversicherungsrecht ist Kollisionsrecht, regelt also nur, welche Rechtsordnung im Hinblick auf das Sozialversicherungsrecht anwendbar ist. Dabei gilt grundsätzlich das Territorialitätsprinzip, wonach es entscheidend darauf ankommt, in welchem Land der Arbeitnehmer seine Tätigkeit tatsächlich ausübt.

Das deutsche Sozialversicherungsrecht sieht für Entsendungen von und nach Deutschland unter bestimmten Voraussetzungen die Aus- und Einstrahlung (§ 4 f. SGB IV) vor, wonach es trotz vorübergehender Tätigkeit in einem Staat bei der Anwendbarkeit des Sozialversicherungsrechts des Entsendestaats verbleibt.

Dem deutschen Recht geht allerdings überstaatliches Recht vor, hierzu zählen vor allem EU-Verordnungen und zwischenstaatliche Abkommen.

Eine Entsendung innerhalb der EU unterliegt anderen Regeln als Entsendungen in Drittstaaten; bei diesen ist danach zu unterscheiden, ob ein Sozialversicherungsabkommen besteht, welche Bereiche dieses Abkommen erfasst und welche Inhalte entscheiden, welcher Staat die Beiträge beanspruchen kann und Leistungen erbringen muss.

Innerhalb der EU sind aktuell die Verordnung Nr. 883/04 und Verordnung Nr. 987/09 maßgeblich. Die in Art. 12 VO 883/04 getroffene **Sonderregelung für Entsendungsfälle**, der die größte Bedeutung zukommt, sieht vor, dass eine Person, die von einem Arbeitgeber in einen anderen Mitgliedstaat entsandt wird, um dort eine Arbeit für dessen Rechnung auszuführen, für einen im Voraus begrenzten Zeitraum von maximal 24 Monaten weiterhin den Rechtsvorschriften des ersten Mitgliedstaates unterliegt. Voraussetzung ist, dass der entsendende Arbeitgeber gewöhnlich im entsendenden Mitgliedstaat tätig ist. Eine Verlängerung des Entsendungszeitraums über 24 Monate hinaus bedarf einer Vereinbarung zwischen den zuständigen Sozialversicherungsträgern der beteiligten Mitgliedstaaten (Art. 16 VO 883/04). Im Einzelfall zu prüfen sind der persönliche und sachliche Anwendungsbereich, jedoch sind die meisten Beschäftigten und die wichtigen Zweige der Sozialversicherung von den Verordnungen erfasst. Die Vorgängerverordnungen haben im Übrigen noch Bedeutung für Entsendungen von und in die Schweiz und den EWR.

Seit Juli 2023 ermöglicht das multilaterale Rahmenübereinkommen im Kontext der VO (EG) 883/2004 eine bedeutende Anpassung bezüglich der Sozialversicherungsregelungen für grenzüberschreitende Telearbeit innerhalb der EU-/EWR-Mitgliedstaaten. Deutschen Arbeitgebern ist es nun möglich, ihren Mitarbeitern die Ausübung ihrer beruflichen Tätigkeit aus einem im (angrenzenden) Ausland befindlichen Home-Office zu gestatten, selbst wenn diese bis zu nahezu 50 % ihrer Arbeitszeit dort verbringen möchten. Dabei bleibt weiterhin das Sozialversicherungsrecht des Mitgliedstaats, in welchem der Arbeitgeber seinen Sitz hat, anwendbar. Vor Einführung dieser Regelung führte die Erbringung von mehr als 25 % der Arbeitsleistung aus dem ausländischen Wohnsitzstaat zur Anwendbarkeit des Sozialversicherungsrechts dieses Staates. Die Ausnahmegenehmigung wird auf Antrag erteilt. Das Ermessen der zuständigen Behörde ist reduziert, sofern die

5.1 Sozialversicherung (EU/Abkommen/Drittstaaten)

Voraussetzungen des Rahmenabkommens erfüllt sind. Die Ausnahmegenehmigung wird also in aller Regel erteilt.

Für Entsendungen außerhalb der EU/des EWR ist zu prüfen, ob ein zwischenstaatliches Abkommen existiert und welchen Geltungsbereich es erfasst.

Derzeit bestehen bilaterale Abkommen zwischen der Bundesrepublik Deutschland und 23 Staaten (Albanien, Australien, Bosnien und Herzegowina, Brasilien, Chile, China, Indien, Israel, Japan, Kanada, Korea, Kosovo, Marokko, Mazedonien, Moldau, Montenegro, Philippinen, Serbien, Türkei, Tunesien, Ukraine, Uruguay, USA). Über den Link https://www.bmas.de/SharedDocs/Downloads/DE/zweiseitige-abkommen.html gelangen Sie auf die Website des Bundesministeriums für Arbeit und Soziales und können hierüber den betreffenden Überblick der bilateralen Sozialversicherungsabkommen als PDF-Datei abrufen. Das vorbezeichnete Dokument ist auch über den folgenden Link erreichbar (https://www.bmas.de/SharedDocs/Downloads/DE/zweiseitige-abkommen.pdf?__blob=publicationFile&v=5).

Bei den Abkommen ist besonders auf den Geltungsbereich zu achten, viele Abkommen gelten nämlich nur beschränkt für einzelne Zweige der Sozialversicherung bzw. nur für bestimmte Beschäftigte.

Die Grundstruktur der Vereinbarungen ist vergleichbar. Danach verbleibt es bei Entsendungen (ähnlich definiert wie im deutschen SGB IV) bei einer befristeten, oft aber erweiterbaren Anwendung des Rechts des entsendenden Staates. Auch sind Sondervereinbarungen für Fälle möglich, in denen keine echte Entsendung vorliegt.

Bei zeitlich befristeter Entsendungen in Staaten außerhalb der EU, mit denen kein Abkommen besteht, bleibt der entsandte Beschäftigte in der deutschen Sozialversicherung, wenn die Voraussetzungen von § 4 Abs. 1 SGB IV erfüllt sind. Dabei kommt es in der Regel zu einer Doppelbelastung mit Beiträgen, soweit auch im Tätigkeitsstaat ein System sozialer Sicherheit mit Versicherungspflicht besteht.

Ist der Auslandseinsatz *nicht* im Voraus zeitlich begrenzt oder wird die Grenze von (in der Regel) fünf Jahren überschritten, so liegt kein Fall der sozialversicherungsrechtlichen Ausstrahlung vor. Damit besteht keine Pflichtmitgliedschaft in der deutschen Sozialversicherung. Falls im Ausland keine mit deutschem Standard vergleichbare Sozialversicherung existiert oder ein Leistungsbezug aus der ausländischen Rentenversicherung in Deutschland nicht vorgesehen ist, bleibt den Vertragsparteien neben der freiwilligen Mitgliedschaft in der deutschen Sozialversicherung, die teils innerhalb kurzer Fristen beantragt werden muss, nur eine private Versicherungslösung.

Bei einer unzutreffenden Annahme der Ausstrahlungswirkung ins Ausland drohen schwerwiegende Konsequenzen sowohl für den Arbeitgeber als auch für den

Arbeitnehmer. Es drohen Säumniszuschläge, Nachzahlungen und Versicherungslücken bis hin zu straf- oder ordnungsrechtlichen Sanktionen, insbesondere, wenn der Verstoß auf mangelnder Sorgfalt beruht.

Um eine erste (unverbindliche) Einschätzung der sozialversicherungsrechtlichen Lage bei Auslandsentsendungen zu erhalten, können Online-Tools herangezogen werden, welche eine erste Orientierungshilfe bieten.

Dies bedeutet für die geplante Auslandstätigkeit von Mitarbeitern, dass eine sorgfältige Planung, orientiert an den Bedürfnissen des Mitarbeiters, erforderlich ist. Dabei gibt es keinen Automatismus, sondern vielmehr viele Gestaltungsoptionen. Je nachdem, ob ein Verbleib in der deutschen Sozialversicherung gewünscht ist oder nicht, kann die Vertragsgestaltung (etwa im Hinblick auf eine Befristung des Auslandseinsatzes) optimiert werden.

5.2 Anderweitiger (privater) Versicherungsschutz

Sofern eine gesetzliche Fortgeltung der deutschen Sozialversicherung nicht in Betracht kommt, muss über eine anderweitige Sicherung des Arbeitnehmers (und ggf. seiner Familie) nachgedacht werden. In jedem Fall wird die Absicherung über das soziale Netz des Einsatzlandes (soweit vorhanden) geprüft werden müssen. Sofern dies, was oft der Fall sein wird, keine hinreichende Absicherung bietet, werden in der Praxis regelmäßig private Versicherungslösungen geprüft, wobei der Inhalt der arbeitsvertraglichen Regelungen sich meist in einer (teilweisen) Übernahme von Beiträgen erschöpft. Anders ist dies dort, wo es Gruppenversicherungen des Arbeitgebers mit weltweitem Geltungsbereich und eine betriebliche Altersversorgung gibt.

5.2.1 Versicherungsstandards

Sofern Gruppenversicherungen bzw. die Ausstrahlungswirkung für den entsandten Arbeitnehmer nicht greifen, sollte überprüft werden, wie die verschiedenen Elemente der Sozialversicherung für den entsandten Mitarbeiter anderweitig abgedeckt werden können.

5.2.1.1 (Auslandsreise-)Krankenversicherung

In der Regel fallen gesetzliche Krankenversicherungen in ihrem Leistungsspektrum im Gastland hinter die Versicherungen im Heimatland zurück (in der Regel bei Entsendungen aus Europa). Sofern dies der Fall ist und die gesetzliche Krankenversicherung

5.2 Anderweitiger (privater) Versicherungsschutz

im Einsatzland keinen dem Heimatland entsprechenden Versicherungsschutz bietet, ist zu prüfen, ob eine Absicherung über eine Auslandsreise- oder Auslandskrankenversicherung hergestellt werden kann.

Sofern der Mitarbeiter privat versichert ist, muss geklärt werden, ob bzw. in welchem Umfang der Versicherungsschutz auch im Ausland gilt. Oftmals können günstige Zusatzversicherungen abgeschlossen werden.

5.2.1.2 Freiwillige Arbeitslosenversicherung

Ferner ist an einen Antrag auf freiwillige Weiterversicherung gegen Arbeitslosigkeit im Heimatland zu denken. Grundsätzlich kann solch ein Antrag gestellt werden, wenn der Antragsteller einer Auslandsbeschäftigung außerhalb der EU oder assoziierten Staaten nachgeht. Ein Anspruch auf eine freiwillige Weiterversicherung in Deutschland besteht u. a., wenn innerhalb der letzten zwei Jahre vor Antragstellung eine zwölfmonatige Versicherungspflicht in der Arbeitslosenversicherung vorgelegen hat (vgl. § 28a Abs. 2 Nr. 1 SGB III).

5.2.1.3 Freiwillige Rentenversicherung

Im Rahmen der freiwilligen Rentenversicherung hat der entsandte Arbeitnehmer – unbeschadet der Regelungen in einzelnen Tarifverträgen – die Beträge allein, d. h. ohne Beteiligung des Arbeitgebers zu entrichten. Nach der Rechtsprechung (z. B. des LAG Köln) besteht weder eine Aufklärungspflicht des Arbeitgebers in Bezug auf die Auswirkungen des Auslandseinsatzes für die Rentenversicherung, noch kann eine Beitragsbeteiligung des Arbeitgebers als Individualpflicht aus dem Arbeitsvertrag oder aus dessen Fürsorgepflicht abgeleitet werden (LAG Köln, Urteil vom 19.01.1996 – 11 (13/11) Sa 685/95).

Die Stellung eines Antrags auf freiwillige Versicherung in der gesetzlichen Rentenversicherung ist in der Regel im Heimatland ansässigen Personen vorbehalten (für Deutschland vgl. § 7 Abs. 1 S. 2 SGB VI), welche das 16. Lebensjahr vollendet haben, die in Deutschland nicht (mehr) sozialversicherungspflichtig sind und ihren gewöhnlichen Aufenthalt im Ausland haben. In diesem Rahmen ist auch die Entrichtung eines Mindestbeitrags möglich.

Neben der freiwilligen Rentenversicherung besteht für bestimmte Personengruppen die Möglichkeit einer Pflichtversicherung auf Antrag in Deutschland gemäß § 4 Abs. 1 Nr. 2 SGB VI (sog. Antragspflichtversicherung). Im Vergleich zur freiwilligen Variante ist die sog. Antragspflichtversicherung in der Regel vorteilhafter, da diese es ermöglicht, den Schutz im Falle einer Erwerbsminderung aufrechtzuerhalten.

Für Freiberufler (bspw. Architekten, Ingenieure, Rechtsanwälte, Ärzte, Steuerberater, Apotheker etc.) besteht grundsätzlich ebenfalls die Möglichkeit, eine freiwillige Mitgliedschaft im entsprechenden Versorgungswerk bei einem Wegzug ins Ausland zu beantragen.

5.2.1.4 Unfallversicherung

Oftmals haben heimische gesetzliche Unfallversicherungsträger eine sog. besondere Auslandsversicherung eingerichtet (in Deutschland gemäß § 140 Abs. 2 und 3 SGB VII). Soweit die heimische Unfallversicherung für den entsandten Mitarbeiter nicht greift, ist der Abschluss einer Auslandsunfallversicherung möglich.

5.2.1.5 Sozialleistungen des Heimatlandes

Sofern der entsandte Arbeitnehmer seinen Wohnsitz im Heimatland behält, ist er berechtigt, weiterhin Sozialleistungen in Anspruch zu nehmen, wie Eltern- (§ 1 Abs. 1 Nr. 1 BEEG) oder Kindergeld (§ 61 Abs. 1 EStG und § 1 Abs. 1 BKGG). Unabhängig vom Wohnsitz haben auch entsandte Personen Anspruch auf diese Sozialleistungen, sofern die Ausstrahlungswirkung des § 4 SGB IV greift (§ 1 Abs. 2 Nr. 1 BEEG).

5.2.2 Maßnahmen im Vorfeld der grenzüberschreitenden Entsendung bezüglich eines allgemeinen Versicherungsschutzes

Neben dem Versicherungsumfang sollte der allgemeine Versicherungsschutz vor Aufnahme einer Tätigkeit im Ausland umfassend überprüft werden. Auch hier ist zu beachten, dass die Versicherungsleistungen in der Regel an einen Wohnsitz im Heimatland geknüpft sind (bspw. in Deutschland, auch wenn das Versicherungsvertragsgesetz (VVG) keine Regelung hierzu enthält, machen es deutsche Versicherer regelmäßig zur Bedingung, dass der Versicherungsnehmer beim Vertragsschluss einen Wohnsitz in Deutschland unterhält).

> ▶ Vor dem Hintergrund, dass der steuerliche Wohnsitz und damit zwangsläufig auch der melderechtliche Wohnsitz in der Regel oftmals mit Tätigkeitsantritt im Ausland aufgegeben wird, ist anzuraten, etwaige Versicherungslücken durch den Abschluss entsprechender Verträge vor Aufgabe des deutschen Wohnsitzes zu schließen.

In der Regel sehen die Versicherungsbedingungen (unabhängig vom Heimatland) vor, dass der Versicherungsgeber seitens des Versicherungsnehmers über Änderungen des Wohnsitzes zu unterrichten ist. Gegebenenfalls können sich durch

5.2 Anderweitiger (privater) Versicherungsschutz

eine Wohnsitzverlegung in ein anderes Land die Risiken des Versicherers entsprechend erhöhen (bspw. Wohnsitzverlegung in Krisengebiete bzw. unsichere Länder), wodurch die Versicherungsprämien für den Versicherungsnehmer ansteigen. Bei einer Entsendung in die USA ist darauf zu achten, dass das Land vom Versicherungsschutz umfasst ist. Aufgrund der bekanntermaßen hohen Behandlungskosten müssen häufig besondere Tarife für die USA abgeschlossen werden. Über die möglicherweise gestiegenen oder neuen Versicherungsprämien ist mit dem Arbeitgeber eine Einigung dahingehend zu erzielen, wer diese Kosten zukünftig zu tragen hat (bestenfalls im Vorfeld der Entstehung dieser Zusatzkosten). Die Erfahrung zeigt nämlich, dass insbesondere in den folgenden Bereichen Handlungsbedarf besteht:

Private Haftpflichtversicherung
Bleibt die im Heimatland abgeschlossene Haftpflichtversicherung bestehen oder wird diese unter Modifikationen neu abgeschlossen, ist stets darauf zu achten, dass diese bei einem längerfristigen Auslandsaufenthalt in Bezug auf Schadensfälle auch im Einsatzland greift. Sofern dies der Fall ist, ist der diesbezügliche Versicherungsschutz oftmals auf einen Zeitraum von fünf Jahren für ausländische Sachverhalte beschränkt. Im Übrigen kann die Versicherungsleistung an einen deutschen Wohnsitz gekoppelt sein.

Mittlerweile ist es üblich, dass sich Versicherungen auch auf das Ausland erstrecken (bspw. EU-Raum). Es gilt jedoch zu beachten, dass das Leistungsspektrum der Versicherungen gegenüber dem Portfolio im Heimatland sehr abgespeckt sein kann und nur gegen Aufpreis ein vollständiger Haftpflichtschutz zu erreichen ist.

Risikolebensversicherung
Ferner sollte vor einer Auslandsentsendung der Versicherungsschutz bspw. im Hinblick auf eine spätere Familienplanung (Geburt von Kindern im Ausland) oder auch den Erwerb eines späteren Familiendomizils überprüft werden. Vor dem Hintergrund, dass die Überschreitung eines gewissen Schwellenwerts eine medizinische Untersuchung für den Abschluss der Risikolebensversicherung erforderlich macht, sind entsprechende Vorlaufzeiten einzukalkulieren.

Unfallschutzversicherung
Sollte im ausländischen Einsatzland eine erhöhte Gefahr für Leben und Gesundheit des entsandten Mitarbeiters bestehen (bspw. Krisen- bzw. Kriegsgebiete, volatile politische Verhältnisse), kann sich aus der arbeitgeberseitigen Fürsorgepflicht die konkrete Verpflichtung ergeben, für den entsandten Mitarbeiter eine Auslandsunfallversicherung abzuschließen.

Berufsunfähigkeitsversicherung
Eine Berufsunfähigkeitsversicherung sollte unabhängig von einer Entsendung abgeschlossen werden. In der Regel wird sich im Rahmen der Entsendung das Gehalt des Mitarbeiters erhöhen (bspw. durch Housing und Hardship Allowance sowie durch eine geringere Steuerbelastung im Einsatzland), weswegen in Erwägung gezogen werden sollte, den Versicherungsschutz entsprechend an das neue Gehalt anzupassen.

5.2.3 Sonstige Aspekte

Schließlich dürfen **einkommensteuerliche Aspekte** bezüglich der vorgenannten Versicherungen und freiwillig geleisteten Sozialversicherungsbeiträge nicht außer Acht gelassen werden. Dies gilt insbesondere dann, wenn das Gehalt des Mitarbeiters im Rahmen der Entsendung nicht im Heimatland, sondern im Einsatzland, d. h. Ausland versteuert wird. Zwar handelt es sich um Ausgaben des Arbeitnehmers, jedoch kommt es erfahrungsgemäß zu keinem steuerlichen Abzug der Versicherungsbeiträge im Einsatzland. Die entsprechenden Versicherungsbeiträge bzw. die freiwilligen Abgaben mindern das zu versteuernde Einkommen insofern nicht.

Sofern der entsandte Arbeitnehmer bisher eine staatliche **Förderung** seiner **Altersvorsorge** erhalten hat, ist zu berücksichtigen, dass die Zulagen im Fall der Aufgabe des deutschen Steuerwohnsitzes durch Wegzug ins EU- bzw. EWR-Ausland gestoppt werden und die Förderbeiträge zurückgezahlt werden müssen (für Deutschland: § 95 Abs. 1 Nr. 1 EStG). Vor diesem Hintergrund sollten im Vorfeld der Entsendung Möglichkeiten geprüft werden, ob und zu welchen Konditionen eine Stundung beantragt werden kann (vgl. § 95 Abs. 2 EStG). Es gilt jedoch die Zinsen während des Stundungszeitraums zu beachten.

Ein weiterer Punkt, der mit einer Entsendung ins Ausland – vorausgesetzt der Wohnsitz im Heimatland wird aufgegeben – einhergeht, sind die Auswirkungen auf **Konten** und **Wertpapierdepots**. Für Aktiendepots sind die entsprechenden Geschäftsbedingungen des Instituts maßgeblich, in der Regel muss das Konto oder das Depot bei einem Wegzug gekündigt oder mit einer Einzahlungssperre belegt werden. Ferner sind im Falle eines Wegzugs die bankaufsichtsrechtlichen Meldepflichten zu beachten. Diese verlangen in der Regel verpflichtende Angaben zum neuen Wohnsitz (im Einsatzland).

5.2 Anderweitiger (privater) Versicherungsschutz

Beispiel: W9-Formular bei Wegzug in die USA

Bei einem Umzug in die USA müssen sog. W9-Formulare ausgefüllt werden. Dies verlangt das Gesetz über die Steuerehrlichkeit bezüglich Auslandskonten (Foreign Account Tax Compliance Act – FATCA). Danach sind teilnehmende Finanzinstitute verpflichtet, alle US-Kontoinhaber, bei denen es sich um natürliche Personen (US-Staatsbürger oder in den USA ansässige Ausländer) handelt, zu melden. ◄

▶ Die Möglichkeiten, im Rahmen des Sozialversicherungsrechts gestalterisch tätig zu werden, sind vor dem Hintergrund der gesetzlichen Rahmenbedingungen, aber auch der Wünsche und Bedürfnisse des Mitarbeiters zu sehen. Der Arbeitnehmer hat häufig ein Interesse im Heimatland sozialversichert zu bleiben. Um eine Sozialversicherungspflicht im Heimatland beizubehalten, sind die oben beschriebenen Regelungen zu beachten. In diesem Fall besteht der größte Gestaltungsspielraum in der Zeitdauer der Entsendung und der arbeitsvertraglichen Ausgestaltung. Möchte der Arbeitnehmer in Fällen der grenzüberschreitenden Entsendung in der deutschen Sozialversicherung verbleiben, darf in den unterschiedlichen Fallvarianten eine bestimmte Zeitdauer nicht überschritten werden (in der Regel muss die Dauer der Beschäftigung im Ausland bereits im Voraus zeitlich begrenzt sein). Ferner muss ein im Heimatland bestehendes (nicht ruhendes) Beschäftigungsverhältnis zwischen dem Arbeitnehmer und dem Entsendeunternehmen bestehen. Möchte der Mitarbeiter hingegen bewusst nicht in der deutschen Sozialversicherung verbleiben (dies ist insbesondere bei jungen Mitarbeitern oft der Fall), muss diesem Wunsch durch die Gestaltung der Entsendevereinbarung Rechnung getragen werden. Oft vereinbaren die Parteien in diesem Fall, die eingesparten, recht hohen deutschen Sozialbeiträge zum Teil an den Mitarbeiter auszubezahlen, damit dieser sich privat absichert. Eine klare Vertragsregelung ist insoweit ratsam, auch um spätere Schadensersatzansprüche (wegen versicherungsrechtlicher Nachteile) abwehren zu können.

Ihr Transfer in die Praxis

- Unternehmen oder Personalabteilungen sollten sich im Vorfeld einer grenzüberschreitenden Entsendung über etwaige Versicherungslücken informieren
- Als Vorbereitung sollten (externe) Schulungen des zu entsendenden Mitarbeiters und dessen Familie angeboten werden ◄

Literatur

Becker/Franke/Molkentin (Hrsg.), Sozialgesetzbuch VII. Gesetzliche Unfallversicherung, Lehr- und Praxiskommentar, 5. Aufl. 2018, Baden-Baden.
Ehmann/Karmanski/Kuhn-Zuber (Hrsg.), Gesamtkommentar Sozialrechtsberatung, 2. Aufl. 2018, Baden-Baden.
Frank-Fahle, Internationaler Mitarbeitereinsatz: Fürsorgepflichten des Arbeitgebers (Teil 1), in: PIStB 2018, S. 111 ff.
Frank-Fahle, Internationaler Mitarbeitereinsatz: Fürsorgepflichten des Arbeitgebers (Teil 2), in: PIStB 2018, S. 140 ff.
Hidalgo/Ceelen, Home-Office im EU-Ausland – Relevanz des Sozialversicherungsrechts für Arbeitgeber, in: NZA 2021, 19 ff.
Mauer (Hrsg.), Personaleinsatz im Ausland, 3. Aufl. 2019, München.
Moll (Hrsg.), Münchener Anwaltshandbuch Arbeitsrecht, 5. Aufl. 2021, München.
Reiter/Thielemann, Homeoffice im EU-Ausland, in: NZA-Beilage 2023, 59 ff.
Ricken, Unfallversicherungsschutz nur bei „Entsendung" ins Ausland, in: NZA 2013, 192 ff.
Thiele/Näth/Wellisch, Sozialversicherungspflicht bei internationaler Mitarbeiterentsendung – Vorschriften und Gestaltungsmöglichkeiten., in: IStR 2003, 746 ff.

Compliance-Anforderungen bei grenzüberschreitenden Entsendungen

Was Sie aus diesem Kapitel mitnehmen
- Auflösung von Loyalitäts- oder Rechtskonflikten durch vorausschauende Vertragsgestaltung im Vorfeld der Entsendung
- Die Fürsorgepflichten des Arbeitgebers gehen umso weiter, je fremder die Tätigkeitsstätte des Arbeitnehmers hinsichtlich seiner politischen und kulturell-religiösen Prägung ist
- Risikomanagement als Ausprägung guter Compliance-Strukturen

Eine Situation, auf die sich Unternehmen und entsandte Arbeitnehmer im Rahmen von internationalen Mitarbeitereinsätzen einstellen müssen, ist das regulatorische Umfeld des In- und Auslands sowie die ggf. diametralen Interessen der in- und ausländischen Gesellschaften. Insofern bewegt der Entsandte sich im Spannungsfeld zwischen den arbeitsrechtlichen Verpflichtungen gegenüber seinem „ursprünglichen" Arbeitgeber im Heimatland sowie dem lokalen Arbeitgeber (im Einsatzland).

▶ Bereits im Vorfeld der Entsendung sind im Rahmen der Gestaltung des Zusatzes zum Arbeitsvertrag (Entsendevereinbarung) umfangreiche Regelungen zu treffen, um Loyalitätskonflikte zu vermeiden und den entsandten Arbeitnehmer umfassend zu schützen. Ebenso sollte eine detaillierte Regelung in den Verträgen vor dem Hintergrund erfolgen, dass in den letzten Jahren durch vermehrte Steuer- und Bilanzskandale, das Entsendungsmanagement von Unternehmen verstärkt ins Visier von Compliance-Prüfungen geraten ist. Konzentrierte sich die Aufmerksamkeit zu Beginn noch auf Konzerne mit einer großen Anzahl von Entsendungen, betrifft dies mittlerweile auch mittlere und kleine Unternehmen. Zu nennen sind insoweit auch verschärfte Geldwäschevorschriften und die Sanktionspolitik der EU. Dabei können die im Entsendungsmanagement vorhandenen Compliance-Risiken erhebliche finanzielle Risiken hervorrufen und Imageschäden sowie strafrechtliche Probleme auslösen.

6.1 Ausgangsüberlegungen

Für Unternehmen in exportorientierten Wirtschaften (bspw. Deutschland) sind Entsendungen von Mitarbeitern in das Ausland an der Tagesordnung. Die größte Aufgabe wird für die Unternehmen sowie den Arbeitnehmer darin bestehen, den Spagat zwischen In- und Ausland zu meistern. Durch den grenzüberschreitenden Sachverhalt befindet sich der entsandte Mitarbeiter rechtlich in zwei Jurisdiktionen und muss die regulatorischen Vorgaben beider Länder erfüllen. Auslandstätigkeiten von Mitarbeitern bedeuten regelmäßig eine gesteigerte Herausforderung für die mit Compliance-Fragen befassten Stellen eines Unternehmens.

Grundsätzlich kann aus arbeits-, gesellschafts- oder aufenthaltsrechtlichen Gründen die Notwendigkeit bestehen, zusätzlich zu dem heimischen Arbeitsvertrag (und einer Zusatzvereinbarung zur Entsendung – Entsendungsvertrag/-vereinbarung) einen lokalen Arbeitsvertrag im Einsatzland abzuschließen. Wenn die Interessen der beteiligten Unternehmen im In- und Ausland divergieren oder zwingende Gesetzesregelungen des Einsatzlandes grundlegend von denen des Heimatlandes abweichen, können entsandte Arbeitnehmer in Zwangslagen geraten. Aber auch unabhängig von der Existenz eines lokalen Arbeitsvertrags, führt die bloße Anwesenheit und Tätigkeit des Mitarbeiters in einem fremden Rechtskreis zu deutlich gesteigerten Pflichten sowohl des Arbeitgebers als auch des Arbeitnehmers.

Dies liegt letztlich daran, dass keine Rechtsordnung einer anderen zu einhundert Prozent gleicht, selbst innerhalb der EU gibt es signifikante Unterschiede in Gesetzgebung und Rechtsprechung, insbesondere dort, wo es keine Gesetzgebungskompetenz der EU gibt. Erst recht gilt dies im Verhältnis zu völlig fremden Kultur- und Rechtskreisen. Dabei entstehen für entsandte Mitarbeiter kaum lösbar erscheinende Konfliktlagen. Das kann beispielsweise dann der Fall sein, wenn der im Unternehmen verfasste und zum Bestandteil des Arbeitsvertrages gemachte Code of Conduct (auch Betriebsordnung oder Unternehmensgrundsätze genannt)

6.1 Ausgangsüberlegungen

Verpflichtungen enthält, die der Rechtsordnung des Einsatzlands widerspricht. Selbst hierzulande selbstverständlich anmutende Grundsätze und neuerdings auch gesetzliche Vorgaben (des Lieferkettensorgfaltspflichtengesetzes), wie die Beachtung der Menschenrechte und Diskriminierungsverbote, werden andernorts ganz anders interpretiert. Woran aber soll sich ein Mitarbeiter halten, wenn er einerseits verpflichtet ist, Meinungsfreiheit auch im Unternehmen zu schützen, andererseits bestimmte Meinungsäußerungen oder sexuelle Orientierungen im Einsatzland sogar unter Strafandrohung verboten sind? Wenig hilfreich sind dabei Formulierungen in der Entsendevereinbarung, selbstverständlich habe sich der Mitarbeiter im Ausland gesetzeskonform und sensibel zu verhalten.

▶ Die Haltung vieler Unternehmen, die entsandten Mitarbeiter auf ihr Einfühlungsvermögen zu verweisen und sich ansonsten nicht um (potenzielle) Konfliktlagen zu kümmern, stellt eine Verletzung der Fürsorgepflicht des Arbeitgebers dar. In diesem Zusammenhang bedarf es einer gründlichen Schulung vor dem Antritt der Auslandstätigkeit und einer praktischen Handreichung (etwa in Form eines länderspezifischen Handbuchs, das die generellen Unternehmensregeln modifiziert bzw. im Konfliktfall verdrängt). Diese Informationen müssen während eines Auslandsaufenthalts laufend aktualisiert werden, da sich die Verhältnisse vor Ort schnell ändern können, auch ohne dass es der vor Ort tätige Mitarbeiter gleich bemerkt (schlechte Öffentlichkeitskommunikation ist bspw. in autoritären Systemen eher der Regelfall).

Im Zweifel muss (vorrangig) das im Einsatzland maßgebliche Recht beachtet werden, auch wenn es den Wertvorstellungen des Mitarbeiters ggf. nicht entspricht. Jede andere Haltung würde den Mitarbeiter nicht nur in Konflikte treiben, sondern er stünde u. U. ständig mit einem Bein im Gefängnis. Derartige Gefahren werden künftig nicht geringer. Dies liegt nicht nur an zunehmend autoritären Regimen in vielen auch wirtschaftlich wichtigen Teilen der Welt, sondern auch an der technischen Entwicklung z. B. der Kommunikationsmittel und der sozialen Medien. In vielen Ländern werden auch private Äußerungen in sozialen Medien überwacht und zum Gegenstand strafrechtlicher Ermittlungen gemacht. So ist z. B. eine (länderspezifische) Anpassung entsprechender Unternehmensrichtlinien wichtig, um Nachteile für das Unternehmen und den Mitarbeiter zu vermeiden.

Zu unterschiedlichen Gesetzen und Wertvorstellungen hinzukommen neue Gesetze, die immer häufiger über die Grenzen des eigenen Landes hinaus Geltung beanspruchen. Beispiele aus jüngster Vergangenheit sind die Datenschutzregelungen der EU (DSGVO), der USA und Chinas, die allesamt für Unternehmen, die im jeweiligen Territorium Geschäfte betreiben, grundsätzlich weltweit gelten sollen. Dabei ist evident, dass es für ein Unternehmen (bzw. dessen im Ausland tätige Mitarbeiter) vollkommen unmöglich ist, sämtliche, sich bisweilen inhaltlich widersprechenden Gesetze zu beachten. Auch hier wird es einer praktischen Handreichung für den Mitarbeiter bedürfen, wie er sich genau zu verhalten hat. Oft wird es auch erforderlich sein, den Entsandten qualifizierte juristische Beratung zur Verfügung zu stellen.

Eine ähnliche Tendenz wie beim Datenschutz ist in jüngster Zeit im Bereich Wirtschaftsstrafrecht (vor allem Korruptionsbekämpfung, Geldwäsche, u. Ä.) zu verzeichnen. Viele Länder haben auch ihre sog. Sicherheitsgesetze zum Staatsschutz deutlich erweitert.

Die wachsende Bedeutung der ESG-Gesetzgebung in Deutschland und Europa hat ebenfalls große Auswirkungen auf Entsendungen. Meist wird es der entsandte Mitarbeiter in der Zweigniederlassung oder Tochtergesellschaft sein, der für Einhaltung der Verpflichtungen z. B. aus dem Lieferkettensorgfaltspflichtengesetz in seinem Einsatzgebiet verantwortlich ist. Dabei ist nicht nur auf die Einhaltung der Vorgaben im eigenen Einflussbereich zu achten, sondern es muss auch eine laufende Prüfung der Lieferanten und Geschäftspartner im Ausland erfolgen.

Anzuführen ist an dieser Stelle auch das im Juli 2023 in Kraft getretene Hinweisgeberschutzgesetz. Das Gesetz dient der Umsetzung der EU-Whistleblower-Richtlinie (EU) 2019/1937 und soll Personen schützen, die in Unternehmen auf Missstände hinweisen. Umfasst sind dabei auch Verstöße, die im Rahmen einer grenzüberschreitenden Tätigkeit auftreten können. Eine zentrale Herausforderung für international tätige Unternehmen besteht darin, ein effektives Whistleblower-System zu implementieren, das den rechtlichen Anforderungen gerecht wird. Einzuhalten sind nicht nur die Anforderungen des deutschen Hinweisgeberschutzgesetzes, sondern auch die Rechtsnormen in den jeweiligen Ländern. Ein zentraler Aspekt ist die Einrichtung von internen und externen Meldekanälen, welche auch mit Datenschutzgesetzen anderer Länder in Einklang gebracht werden müssen. Die Implementierung dieser Kanäle erfordert nicht nur rechtliches, sondern auch kulturelles und organisatorisches Know-how.

Probleme können insbesondere entstehen, wenn ein lokaler Geschäftspartner im Einsatzland involviert ist, erst recht, wenn dieser an einer ausländischen Tochtergesellschaft beteiligt ist. Hier kann es zu Loyalitätskonflikten auf Seiten des Entsandten kommen, der vertraglich sowohl den Interessen des entsendenden Unternehmens als auch dem lokalen Partner verpflichtet ist. Da sich solche Konfliktlagen, anders als oftmals bei wechselnden politischen oder rechtlichen Verhältnissen, recht gut antizipieren lassen, kommt einer gründlichen Vertragsgestaltung große Bedeutung zu. Dabei genügt es eben nicht nur die Berichtspflichten gegenüber dem deutschen Arbeitgeber zu regeln, wichtig ist vor allem, dass auch in dem Vertrag zwischen deutschem Unternehmen und ausländischem Geschäftspartner die Situation des entsandten Mitarbeiters hinreichend berücksichtigt wird. Es muss also bspw. klar geregelt sein, wie sich der Mitarbeiter im Falle von Meinungsunterschieden zwischen den Geschäftspartnern zu verhalten hat. Dabei ist auch die Rechtslage im Einsatzland zu berücksichtigen, die z. B. hinsichtlich Geheimnisverrats und Schutzrechten eine gänzlich andere als die deutsche Rechtslage sein kann und hinsichtlich derer auch vertragliche Vereinbarungen den Entsandten u. U. nicht vor einer straf- oder zivilrechtlichen Verantwortung schützen.

Die genannten Beispiele zeigen auch, wie wichtig die Unterstützung im Ausland befindlicher Mitarbeiter gerade im Krisenfall ist. Der schönste Vertrag nutzt nichts, wenn die Staatsanwaltschaft des Einsatzlandes vor der Tür steht und den Mitarbeiter an der Heimreise hindert. Insoweit ist Prävention erforderlich und es muss auch zu ungewöhnlichen Zeiten und an Feiertagen ein Ansprechpartner zur Verfügung stehen. Unternehmen, die dies nicht selbst leisten können, sollten sich um jederzeit verfügbare externe Beratung und Hilfe bemühen.

6.2 Spannungsfeld

Die Zwangslage des Arbeitnehmers kann sich zum einen aus einem Loyalitäts- bzw. Interessenkonflikt, resultierend aus einer Mehrzahl von Arbeitgebern, verbunden mit deren unterschiedlichen Interessen, ergeben. Zum anderen handelt es sich um das rechtliche Spannungsfeld, das aus der Anwendung (mindestens) zweier unterschiedlicher Rechtsordnungen auf einen einheitlichen Lebenssachverhalt (Auslandsaufenthalt bzw. -tätigkeit des Mitarbeiters) resultiert.

6.2.1 Loyalitätskonflikte

Joint Venture-Vereinbarungen sind in diesem Zusammenhang prädestiniert, Spannungen zwischen Unternehmen und dem entsandten Mitarbeiter hervorzurufen. Bei einem Joint Venture mit einer ausländischen Firma ist in der Regel (auch) ein ausländischer Gesellschafter beteiligt, was in der Praxis häufig zu Problemen führen kann. Regelmäßig wird das Unternehmen, welches den Mitarbeiter ins Ausland entsendet, daran interessiert sein, Berichte über die Entwicklung des Geschäfts im Einsatzland zu bekommen. Der Entsandte fungiert dabei als Interessenvertreter des heimischen Unternehmens, welches sich auf dessen Dienste (Beschaffung von

Geschäftsberichten und regelmäßige Meldung über die (finanzielle) Situation des Unternehmens) verlässt.

Oftmals bleibt dabei außer Acht, dass der entsandte Mitarbeiter auch einen lokalen Arbeitsvertrag unterschrieben hat und im Rahmen dieses lokalen Anstellungsverhältnisses auch Loyalitätsverpflichtungen gegenüber dem lokalen Joint Venture-Partner bzw. Gesellschafter resultieren. Insbesondere dann, wenn das entsandte Personal in verantwortungsvoller Position (bspw. als Geschäftsführer des Joint Ventures) eingesetzt wird, bestehen gesellschaftsrechtliche **Berichts-, Informations- und Interessenwahrungsverpflichtungen** gegenüber der lokalen Gesellschaft. Dabei sind die Interessen der lokalen Gesellschaft nicht immer identisch mit denjenigen des heimischen Partners. Da der entsandte Arbeitnehmer nicht gleichzeitig zwei „Herren" dienen kann, besteht so ein evidenter Loyalitätskonflikt, der gelöst werden muss. Bei einer Entsendung im Rahmen eines Konzernverhältnisses (zwischen Mutter- und Tochtergesellschaft) ist die Wahrscheinlichkeit wesentlich geringer, dass es zu Loyalitätskonflikten kommen kann.

> **Beispiel: Berichtspflichten im Joint Venture**
>
> Eine Mitarbeiterin der deutschen Spezialmaschinen GmbH wird für die Dauer von zwei Jahren in ein Joint Venture (Special Machines Middle East LLC) zwischen der Spezialmaschinen GmbH und einem emiratischen Konglomerat (Almanara LLC) nach Abu Dhabi entsandt. In der Entsendungsvereinbarung verpflichtet sie sich dazu, über ihre Tätigkeiten in der Special Machines Middle East LLC an die Spezialmaschinen GmbH zu berichten. Da die Mitarbeiterin in Abu Dhabi einen lokalen Arbeitsvertrag abschließt, unterliegt dieser emiratischem Arbeitsrecht. Bekleidet die Mitarbeiterin eine Geschäftsführungsposition in der Joint Venture Gesellschaft, ist sie darüber hinaus nach emiratischem Gesellschaftsrecht verpflichtet, in erster Linie die Interessen der von ihr vertretenen Joint Venture Gesellschaft zu wahren. Dabei hat sie die Gesellschafterrechte aller Gesellschafter zu achten. ◄

Kommt die Mitarbeiterin ihren Verpflichtungen aus der Entsendungsvereinbarung nach, läuft sie Gefahr, dass der Arbeitgeber im Einsatzland (Almanara LLC) das Arbeitsverhältnis nach dem Arbeitsgesetz der VAE kündigt (vgl. Art. 44 Federal Law No. 33 of 2021). Je nachdem, wie die Entscheidungsrechte der deutschen Spezialmaschinen GmbH im Joint Venture ausgeprägt sind, besteht möglicherweise keine Einflussmöglichkeit auf die Kündigungsentscheidung des lokalen Partners. Ferner kann in strafrechtlicher Hinsicht die Offenlegung von Geschäftsgeheimnissen sowohl in der Gast- als auch in der Heimatjurisdiktion Konsequenzen entfalten.

6.2 Spannungsfeld

> **Beispiel: Strafbarkeitsrisiken**
>
> Legt der Mitarbeiter im vorherigen Beispiel der Spezialmaschinen GmbH bestimmte Informationen aus seiner Tätigkeit im Joint Venture offen, besteht das Risiko einer Strafbarkeit nach Art. 432 des VAE-Strafgesetzbuches (Federal Law No. 31 of 2021).
>
> Ferner können gemäß § 23 des Gesetzes zum Schutz von Geschäftsgeheimnissen (GeschGehG) unter Umständen Geld- und Freiheitsstrafen drohen, soweit es sich bei den Informationen um Geschäftsgeheimnisse im Sinne des deutschen Gesetzes handelt. Daneben steht eine potenzielle Strafbarkeit nach § 203 StGB unter dem Aspekt des Geheimnisverrats im Raum. ◄

Entscheidend für den entsandten Arbeitnehmer ist auch zu wissen, wem gegenüber er welche Geschäftsgeheimnisse zu wahren hat. Insofern wäre es denkbar, dass die Wahrung eines Geschäftsgeheimnisses des Joint Ventures bzw. Joint Venture-Partners gegenüber dem heimischen Unternehmen den bestehenden Berichtspflichten widerspricht. Eine Offenbarung des Geschäftsgeheimnisses könnte jedoch nicht nur den Interessen des Joint Venture-Partners im Ausland widersprechen, sondern sogar erhebliche zivil- und strafrechtliche Konsequenzen haben.

▶ Bestehen mehrere Definitionen bezüglich des Geschäftsgeheimnisses in den verschiedenen Jurisdiktionen (Heimatland und Einsatzland), sollten diese abgeglichen werden und ggf. eine gemeinsame Definition entwickelt werden. Eine noch wichtigere Bedeutung nimmt die Klarstellung zwischen den beiden beteiligten Unternehmen ein, was der jeweilige Geschäftspartner als Geschäftsgeheimnis geschützt wissen will. Die entsprechenden Geschäftsgeheimnisse sind so genau wie möglich zu umschreiben. In den Mitarbeiterverträgen (deutscher Arbeitsvertrag/Entsendungsvereinbarung und lokaler Arbeitsvertrag) ist der Mitarbeiter ausdrücklich auf die Verpflichtung zur Einhaltung der Geschäftsgeheimnisse beider Unternehmen nach der gemeinsam vorgenommenen Definition zu verpflichten.

Ähnliches gilt im Bereich der **Wettbewerbsverbote**. Vor dem Hintergrund von unterschiedlichen Märkten können die Wettbewerber des entsendenden Unternehmens und des Joint Ventures durchaus variieren. Auch in diesem Fall wird für den entsandten Arbeitnehmer von entscheidender Bedeutung sein, dass er genau weiß, welche Regeln er gegenüber wem einzuhalten hat. Ungeachtet der

Anwendbarkeit zwingenden staatlichen Rechts im Einsatzland wird es in allen vorgenannten Bereichen entscheidend auf die vertraglichen Vereinbarungen aller beteiligten Parteien ankommen.

Der Klärungsbedarf besteht insoweit sowohl während der Vertragslaufzeit als auch für ein etwaig vereinbartes nachvertragliches Wettbewerbsverbot. Meist werden bei Joint Venture Verträgen ebenfalls Wettbewerbsverbote vereinbart; dabei ist darauf zu achten, dass eine Übereinstimmung mit den arbeitsvertraglichen Vereinbarungen mit den Mitarbeitern besteht.

▶ So ist es empfehlenswert, sowohl in der Entsendungsvereinbarung als auch im lokalen Arbeitsvertrag klare und handhabbare Regelungen zu treffen, die sich nicht widersprechen. Des Weiteren müssen die Regelungen den lokalen (und im Zweifel auch extraterritorial anwendbaren deutschen) Gesetzen entsprechen. Hierzu wird es unerlässlich sein, in den Vertrag zwischen den beiden beteiligten Unternehmen, sei es die Joint-Venture-Vereinbarung, der Gesellschaftsvertrag und/oder die Vereinbarung über den Einsatz des aus Deutschland entsandten Mitarbeiters, klare Abgrenzungsregelungen aufzunehmen.

6.2.2 Rechtskonflikte

Bei einer grenzüberschreitenden Entsendung gibt es mit dem Heimatland und dem Einsatzland zwei verschiedene Jurisdiktionen, die oftmals verschiedene öffentlich-rechtliche und ggf. sogar strafrechtliche Regelungen vorsehen.

6.2.2.1 Vertragliche Vorgaben

Der Arbeitnehmer wird vertraglich oft an unternehmenseinheitliche Regelungen gebunden sein, wie bspw. einen für das Arbeitsverhältnis vereinbarten **Code of Conduct**". Unternehmen im Geltungsbereich des Lieferkettensorgfaltspflichtengesetzes sind verpflichtet, eine sog. Grundsatzerklärung zu veröffentlichen, die dann natürlich auch für entsandte Arbeitnehmer bindend ist.

Selbst wenn im lokalen Unternehmen ein solches Regelwerk nicht existieren sollte, kann allein der Inhalt einer Verhaltensrichtlinie aus dem entsendenden Unternehmen, wie es immer mehr zum Standard der Unternehmenspraxis bzw. verpflichtend wird, Probleme hervorrufen. Regelmäßig finden sich in derartigen, zum Teil sehr allgemein formulierten Regelwerken scheinbar unverfängliche Verpflichtungen für den Arbeitnehmer.

6.2 Spannungsfeld

So gibt es Verpflichtungen des Arbeitnehmers zur Einhaltung der Menschenrechte einschließlich der Glaubens- und Gewissensfreiheit, der Religionsfreiheit, der sexuellen Orientierung und der politischen Einstellung. Es ist offensichtlich, dass derartige Regelungen zwingenden Bestimmungen oder kulturellen Beschränkungen in gewissen Einsatzländern elementar widersprechen. Insoweit sei an die keinesfalls in allen Staaten bestehende Religionsfreiheit, das Verbot der Kritik an der politisch machthabenden Partei in vielen Ländern der Welt, die Geschlechterbenachteiligung und das strafrechtlich sanktionierte Verbot homosexueller Handlungen in zahlreichen Staaten gedacht.

Besteht ein „Code of Conduct" des heimischen Unternehmens, ist fraglich, wie sich der entsandte Mitarbeiter, der einerseits an den „Code of Conduct" gebunden ist, andererseits im Einsatzland rechtskonform tätig werden muss, verhalten soll.

Beispiel: Sexuelle Orientierung – „Code of Conduct" im Iran

Der „Code of Conduct" des entsendenden Unternehmens enthält u. a. die Verpflichtung, keinerlei diskriminierendes Verhalten gegenüber Mitarbeitern oder Bewerbern aufgrund der ethnischen Herkunft, der Nationalität, des Geschlechts, der Schwangerschaft oder Elternschaft, des Familienstandes, des Alters, einer Behinderung, der Religion oder Weltanschauung, der sexuellen Orientierung oder aus anderen unter das Diskriminierungsverbot fallenden Gründen zu dulden.

Ein Mitarbeiter dieses Unternehmens ist in die Vertriebsorganisation in den Iran entsandt. Dort ist Homosexualität nicht nur illegal, sondern es droht sogar die Todesstrafe. Der Mitarbeiter wird von dem lokalen Geschäftspartner angewiesen, einen (angeblich) homosexuellen Mitarbeiter anzuzeigen. Er steht auf dem Standpunkt, das entsendende Unternehmen müsste sich aufgrund der eigenen Verhaltensrichtlinien auch im Iran schützend vor ihn stellen. ◄

Das Beispiel zeigt, dass die Realitäten und gesetzlichen Vorgaben vor Ort angemessen zu würdigen und im Zweifel auch zu beachten sind.

Schon bei der Formulierung weltweit gültiger Verhaltensrichtlinien sowie entsprechender vertraglicher Vereinbarungen mit entsandten Mitarbeitern ist darauf zu achten, den lokal geltenden Gesetzen, gleich ob man sie befürwortet oder nicht, Geltung zu verschaffen.

Lösung zum Beispiel

Die Antwort an dieser Stelle ist hierzulande reichlich unpopulär, aber es wird kein Weg daran vorbeiführen, dass sich ein entsandter Mitarbeiter vorrangig an die lokalen kulturellen und rechtlichen Gegebenheiten anpassen muss. Dem

Entsandten hieraus einen Vorwurf zu machen oder ihm gar eine Vertragsverletzung vorzuwerfen, ist unter dem Gesichtspunkt der Fürsorgepflicht des Arbeitgebers unangemessen und letztlich auch nicht durchsetzbar. ◀

6.2.2.2 Verschiedene Rechtsordnungen (Heimatland und Einsatzland) am Beispiel des Datenschutzes

Rechtskonflikte können sich auch in anderen Bereichen ergeben. Insbesondere bei einen extraterritorialen Geltungsbereich beanspruchenden Regelungen, die insbesondere im Datenschutz üblich sind, ist besondere Achtsamkeit geboten. Sowohl die Datenschutzgrundverordnung (DSGVO) als auch der US-amerikanische Cloud Act und das Cyber Security Law in China beanspruchen weltweite Gültigkeit. Es ist für einen einzelnen Arbeitnehmer geradezu ein Ding der Unmöglichkeit, unter diesen Umständen ohne klare Handreichung der beteiligten Unternehmen rechtskonform arbeiten zu können. Hier wird es einer praktischen Handreichung und juristischen Beratung für den Mitarbeiter bedürfen, wie er sich genau zu verhalten hat.

Eine ähnliche Tendenz wie beim Datenschutz ist in jüngster Zeit im Bereich Wirtschaftsstrafrecht (z. B. Korruptionsbekämpfung, Geldwäsche, Sanktionsregelungen) zu verzeichnen.

Auch die grundsätzlich extraterritorial angelegten ESG-Regelungen, z. B. aus der EU-Entwaldungsverordnung und der geplanten EU-Zwangsarbeitsverordnung, sind hier zu nennen.

Die DSGVO macht die Übermittlung personenbezogener Daten in das Nicht-EU-Ausland davon abhängig, ob ein hinreichender gleichwertiger Schutz persönlicher Daten besteht. Der US Cloud Act verlangt von Unternehmen, Daten, auf die das Unternehmen – gleich auf welchem Server sie sich befinden – Zugriff hat, auf Anforderung amerikanischer Sicherheitsbehörden zur Verfügung zu stellen. Das chinesische Cyber Security Law verlangt, personenbezogene Daten, die sich auf chinesische Unternehmen und dortige Mitarbeiter beziehen, ausschließlich auf chinesischen Servern zu speichern. Zudem enthält das Gesetz das ausdrückliche Verbot, „sensible" Personendaten oder Daten, die Geschäfts- oder Staatsgeheimnisse betreffen, ohne staatliche Zustimmung in das Ausland zu transferieren.

Beispiel: Europa – USA – China: Datenschutzvorschriften

Eine deutsche GmbH, ein Tochterunternehmen eines amerikanischen Konzerns, hat seinerseits eine Tochtergesellschaft in China. Dort ist ein aus Deutschland entsandter Mitarbeiter tätig. Dieser wird von der entsendenden deutschen GmbH aufgefordert, die Personaldaten der in China tätigen Mitarbeiter an die Zentrale in den USA zu übermitteln, da man dort eine Jobdatenbank einrichten will. ◀

6.2 Spannungsfeld

Ein Mitarbeiter, der eine derartige Anweisung von seinem Vertragsarbeitgeber in Deutschland erhält, befindet sich in einer erheblichen Zwangslage. Er hat einerseits in Anbetracht des Direktionsrechts des Arbeitgebers der Anweisung zu folgen, andererseits besteht die erhebliche Gefahr, nicht nur lokale Rechtsvorschriften, sondern auch extraterritorial geltende europäische, chinesische und amerikanische Datenschutzvorschriften zu verletzen und sich so sogar strafbar zu machen.

Vielfach reicht schon die Nutzung eines bestimmten Geräts oder einer Software/App aus, um Probleme hervorzurufen, insbesondere, wenn Daten so in einer nicht näher definierten Cloud gespeichert werden bzw. von dort abgerufen werden.

Das Beispiel zeigt die Wichtigkeit für international agierende Unternehmen, über eine Datenschutzrichtlinie zu verfügen, die sämtliche Rechtsordnungen analysiert und adäquate Lösungen bereithält. Es ist anzuraten, nicht nur den entsandten Mitarbeitern, sondern allen mit der Verarbeitung personenbezogener Daten befassten Personen eine klare Handlungsanweisung an die Hand zu geben.

Letztlich zeigen die beispielhaften Ausführungen, wie wichtig aus Sicht des entsendenden Unternehmens klare Regeln für den Auslandseinsatz von Mitarbeitern sind. Viele große internationale Konzerne verfügen demgemäß über ein detailliertes Regelwerk für Auslandsentsendungen, was im Bereich des Mittelstandes und kleineren und mittleren Unternehmen der Exportwirtschaft nicht ohne weiteres der Fall ist.

▶ Eine bloße schriftliche Unterrichtung des Entsandten und ein Hinweis darauf, sich doch bitte gründlich zu erkundigen und stets auf dem Laufenden zu halten, werden nicht ausreichen, um der Fürsorgepflicht des deutschen Arbeitgebers zu genügen. Vielmehr wird man tatsächlich in diesen Fällen fordern müssen, eine gründliche Schulung des Mitarbeiters (und seiner Familie!) vor Antritt einer Auslandstätigkeit in einem fremden Kultur- und Rechtskreis vorzunehmen. Vor dem Hintergrund der ständigen Veränderung bzw. Modifizierung von Regeln, führt an einer laufenden Betreuung ins Ausland entsandter Mitarbeiter durch das Heimatunternehmen kein Weg vorbei. Dementsprechend muss dann auch die Kompetenz vorhanden sein, laufend entsprechende Rechtsentwicklungen im jeweiligen Ausland zu beobachten und hierauf unmittelbar zu reagieren.

▶ Entsendende Arbeitgeber müssen ins Ausland entsandte Arbeitnehmer und deren Angehörige vor allem dann hinreichend schulen und betreuen, wenn die Entsendung in einen fremden Rechts- und Kulturkreis erfolgt. Ist im Unternehmen selbst kein hinreichendes Know-how vorhanden, ist dieses extern (bspw. Schulungen durch qualifizierte Kanzleien/Mitarbeiter) zu beschaffen.

Neue Verschärfungen dieser Konfliktlage ergeben sich aus dem deutschen Lieferkettensorgfaltspflichtengesetz. Danach sind Unternehmen u. U. verpflichtet, z. B. auf die Einhaltung anerkannter Arbeitsrechtsstandards auch bei Geschäftspartnern im Ausland zu achten. Es ist damit zu rechnen, dass derartige Verpflichtungen der Überwachung vor Ort auf einen dort befindlichen Entsandten verlagert werden.

Die genannten Beispiele zeigen auch, wie wichtig die Unterstützung im Ausland befindlicher Mitarbeiter gerade im Krisenfall ist. Der schönste Vertrag nutzt nichts, wenn die Staatsanwaltschaft des Einsatzlandes vor der Tür steht und den Mitarbeiter an der Heimreise hindert. Insoweit ist Prävention erforderlich und es muss auch zu ungewöhnlichen Zeiten und an Feiertagen ein Ansprechpartner zur Verfügung stehen. Unternehmen, die dies nicht selber leisten können, sollten sich um kontinuierliche externe Beratung und Hilfe bemühen.

6.3 Fürsorgepflicht des heimischen Arbeitgebers bei grenzüberschreitenden Entsendungen

Da der weltweite Einsatz von Mitarbeitern jedes Jahr zunimmt, erstreckt sich auch die Fürsorgepflicht des Arbeitgebers mittlerweile um die ganze Welt. Die Grenzen einer arbeitgeberseitigen Fürsorgepflicht während eines Auslandsaufenthaltes werden in der arbeitsrechtlichen Literatur zu Recht als „rechtliche Grauzone" bezeichnet. Vor dem Hintergrund, dass in der Praxis durch eine Mischung aus Versicherungsleistungen und Arbeitgeberentschädigungen materielle Nachteile des Arbeitnehmers (einschließlich Schäden an der Gesundheit) ausgeglichen werden können, ohne dass es zu einer gerichtlichen Auseinandersetzung kommt, erscheint die Frage nach der Fürsorgepflicht auf den ersten Blick obsolet. Dennoch ist gerade bei Auslandsaufenthalten eine Fürsorgepflicht in höherem Maße als bei Inlandseinsätzen anzunehmen, da insbesondere der Aufenthalt in einem fremden Rechts- und Kulturkreis erhöhte Risiken mit sich bringt. Auch mit Blick auf die neuen Compliance-Anforderungen in verschiedenen Teilen der Welt wird sich die Frage nach dem Umfang und der Reichweite einer arbeitgeberseitigen Fürsorgepflicht künftig verstärkt stellen.

6.3 Fürsorgepflicht des heimischen Arbeitgebers bei grenzüberschreitenden ... 83

▶ Eine Fürsorgepflicht des Arbeitgebers entspringt nicht den spezifisch arbeitsrechtlichen Vorschriften, sondern folgt aus dem schuldrechtlichen Teil des BGB. Sie wird aus § 241 Abs. 2 BGB hergeleitet und verpflichtet zu gegenseitiger Rücksichtnahme. Es handelt sich um Nebenpflichten des Arbeitsverhältnisses, die im Übrigen auch dann bestehen bleiben, wenn die beiderseitigen Hauptleistungspflichten suspendiert werden, was bei einem Ruhen des heimischen (Haupt-)Arbeitsverhältnisses der Fall wäre.

6.3.1 Existenz einer Fürsorgepflicht bei grenzüberschreitenden Entsendungen

Grundsätzlich kommt dem deutschen Arbeitgeber eine Fürsorgepflicht zu. Diese ist auch dann relevant, wenn zusätzlich ein lokaler Arbeitsvertrag abgeschlossen wird und somit neben dem deutschen Arbeitgeber ein weiterer, lokaler Arbeitgeber tritt. Zwar mag es in diesem Verhältnis auch Fürsorgepflichten geben, die sich nach dem lokalen Recht richten. Fürsorgepflichten des lokalen Arbeitgebers entlasten den deutschen Arbeitgeber aber keineswegs in dem Sinne, dass er alle aus der eigenen Fürsorgepflicht herrührenden Verpflichtungen ignorieren oder auf den lokalen Arbeitgeber abwälzen kann.

> Die Corona-Pandemie hat zahlreiche Themen aufgeworfen, die unter die Fürsorgepflichten des deutschen Arbeitgebers fallen. Elementare Fragen wie Verbleib im Ausland oder Rückruf, gesundheitliche Fürsorge, Arbeitsschutzmaßnahmen, Home-Office im Ausland und aufenthaltsrechtliche Themen waren unter Berücksichtigung der Fürsorgepflicht des deutschen Arbeitgebers zu beurteilen, der sich dieser nicht durch Verweis auf einen lokalen Vertrag entziehen kann (Kap. 7).

Bislang sind aus der Praxis nur wenige Konfliktfälle bekannt geworden. Dies mag daran liegen, dass Arbeitgeber ihre Verantwortung ernst nehmen und zudem die Auslandstätigkeit ihrer Mitarbeiter umfangreich, insbesondere durch Abschluss von Zusatzversicherungen, absichern. Es ist allerdings nicht zu verkennen, dass nicht nur durch Corona die Risiken von Auslandseinsätzen deutlich höher sind als früher. Dies liegt auch an den immer komplexer werdenden internationalen und lokalen Rechtsregeln, bspw. zu Compliance und Datenschutz.

> **Beispiel: Chinas Social-Credit-System**
>
> Die Volksrepublik China hat ein (Corporate) Social-Credit-System eingeführt, welches ausländischen Unternehmen und Entsandten weitgehende Verpflichtungen auferlegt und insbesondere Fehlverhalten sanktioniert. Da die Risiken des Auslandsaufenthalts so auch die Privatsphäre des Mitarbeiters berühren, besteht insoweit eine erweiterte Fürsorgepflicht des deutschen Arbeitgebers, insbesondere, soweit die Risiken im weitesten Sinne aus der betrieblichen Sphäre herrühren. ◄

Die betriebliche Sphäre ist grundsätzlich von der Eigenverantwortung des Mitarbeiters (auch im Ausland) abzugrenzen. Der Mitarbeiter muss seine privaten Aktivitäten den lokalen Gegebenheiten und Rechtsregeln anpassen; insofern ist der entsendende Arbeitgeber nicht für jeglichen Gesetzesverstoß verantwortlich. Es stellt sich allerdings durchaus die Frage, wie weit die Aufklärungspflichten des deutschen Arbeitgebers gehen, nachdem in kaum einem Fall der Entsendung der ins Ausland entsandte Arbeitnehmer über hinreichende Kenntnisse der lokalen Verhältnisse und Gesetze verfügt.

Ob eine Fürsorgepflicht des heimischen Arbeitgebers bis in das Einsatzland besteht, hängt u. a. von den Regelungen des Internationalen Privatrechts (IPR), insbesondere im Hinblick auf die arbeitsvertragliche Haftung, ab. Unabhängig von der Dauer der Entsendung wird es in aller Regel so sein, dass das Recht des gewöhnlichen Arbeitsortes und insofern das Recht des Heimatlandes Anwendung findet.

Oftmals bedarf es einer Einzelfallabwägung, ob der deutsche Arbeitgeber sich im Schadensfall darauf berufen kann, dass es zu einer Realisierung von allgemeinen/privaten Lebensrisiken kam und eine Fürsorgepflicht insofern ausscheidet.

Tatsächlich gehen die Fürsorgepflichten des Arbeitgebers umso weiter, je fremder die Tätigkeitsstätte des Arbeitnehmers hinsichtlich seiner politischen und kulturell-religiösen Prägung ist. In vielen Staaten genügt schon eine kritische Äußerung über Staatsoberhäupter oder das politische System, um strafrechtliche Konsequenzen auszulösen. Im Hinblick auf den technischen und kulturellen Fortschritt ist die Frage bislang unbeantwortet, ob Äußerungen des Mitarbeiters in sozialen Medien dazu führen, dass der Arbeitgeber aus seiner Fürsorgepflicht heraus den Arbeitnehmer erst gar nicht entsenden darf oder ihn schnellstmöglich zurückbeordern muss.

> **Beispiel: Verhaftung nach Twitter-Karikatur**
>
> Ein in den USA tätiger Chinese wurde Anfang 2020 nach seiner Rückkehr von einem Heimaturlaub verhaftet, da dieser in einer Twitter-Nachricht eine Karikatur des chinesischen Staatschefs verwendete, in welcher der Staatschef ähnlich einem bekannten (Comic-)Verbrecherboss dargestellt wurde.
>
> Ähnliches ist aus Thailand im Hinblick auf (gesetzlich unter Strafe gestellte) Kritik am Königshaus bekannt. Auch aus Saudi-Arabien ist die strafrechtliche Verfolgung wegen (privater) Blogbeiträge kritischen Inhalts (über das Königshaus) bekannt. ◄

Eine Berufung seitens des heimischen Arbeitgebers auf den lokalen Arbeitsvertrag zur Verneinung seiner Fürsorgepflicht ist nicht möglich. Freilich entfaltet auch der lokale Arbeitsvertrag für den ausländischen Arbeitgeber Fürsorgepflichten, allerdings wird ein Vertrauen des heimischen Arbeitgebers in eine hinreichende Aufklärung des Entsandten durch den lokalen Arbeitgeber (im Einsatzland) zur Erfüllung der Verpflichtungen aus der Fürsorgepflicht des heimischen Arbeitgebers nicht genügen. Ohnehin können andere Fürsorgepflichten aus dem lokalen Arbeitsvertrag entspringen und regelmäßig ist unbekannt, welche Fürsorgepflichten nach ausländischem Recht bestehen. Ferner können die Grenzen zwingenden ausländischen Rechts nicht verdrängt werden. Dies zeigen die vorgenannten Beispiele deutlich, in diesen Fällen kann kein lokaler Arbeitgeber helfen.

6.3.2 Rechtsfolgen

Die Verletzung von Fürsorgepflichten und einer daraus resultierenden Schädigung des Arbeitnehmers kann eine Haftung des Arbeitgebers auslösen. In diesem Zusammenhang gilt die Vermutung des aufklärungsrichtigen Verhaltens des Arbeitnehmers. Insofern trägt der Arbeitgeber die Darlegungs- und Beweislast, dass ein Schaden auch bei pflichtgemäßem Verhalten beziehungsweise ordnungsgemäßer Belehrung des Arbeitnehmers eingetreten wäre.

Bei Verletzung der in § 253 Abs. 2 BGB benannten Rechtsgüter kommt auch ein Anspruch auf Schmerzensgeld in Betracht. In diesem Kontext haftet der Arbeitgeber für die Einhaltung der Fürsorgepflicht auch für beauftragte (eigene) Arbeitnehmer (wie z. B. die Personalabteilung), aber auch für zu diesen Zwecken eingeschaltete Dienstleister. Ein Mitverschulden des Arbeitnehmers nach § 254 BGB wird (nur) im Rahmen des Haftungsregimes im Arbeitsverhältnis berücksichtigt. Danach haftet der Arbeitnehmer regelmäßig nur bei grober Fahrlässigkeit. Im Zusammenhang mit der Erörterung des Mitverschuldens spielt die Abgrenzung zwischen der privaten Lebensführung und der betrieblichen Sphäre eine wichtige Rolle.

Sollten andere Arbeitnehmer oder Dienstleister vom Arbeitgeber beauftragt worden sein, so haftet der Arbeitgeber nach § 278 BGB für deren Verschulden. In der Regel wird ein Mitverschulden des Arbeitnehmers nach § 254 BGB zu berücksichtigen sein, jedoch sind die Grundsätze des innerbetrieblichen Schadensausgleichs anzuwenden. Diese führen bei einem Auslandseinsatz dazu, dass der entsandte Arbeitnehmer keiner persönlichen Haftung unterliegt, sofern ihm allenfalls leichte Fahrlässigkeit vorzuwerfen ist. Im Übrigen ist unbestritten, dass in einen fremden Rechts- und Kulturkreis entsandte Mitarbeiter besonders schützenswert sind.

Die weitere Entwicklung bei Auslandseinsätzen wird zeigen, inwieweit das Recht des Arbeitnehmers, eine (weitere) Arbeitstätigkeit im Ausland zu verweigern oder einen Auslandsaufenthalt abzubrechen, wenn er nicht hinreichend geschützt ist, eine Rolle spielen wird. § 273 BGB gibt jedenfalls die Handhabe für die Verweigerung von Dienstreisen, Auslandseinsätzen und besonders risikoreichen Tätigkeiten im Einsatzland.

In der Praxis wird üblicherweise zwischen Maßnahmen vor, während und nach dem Auslandseinsatz unterschieden. Während in vielen Unternehmen die Vorbereitung des Auslandseinsatzes professionell erfolgt und Schulungsmaßnahmen, vertragliche Regelungen, Sicherheitsunterrichtungen und notwendige Gesundheitsuntersuchungen sachgerecht erfolgen, ist die Unterstützung während des Auslandsaufenthalts oftmals eher an Krisensituationen orientiert. Nur in Großunternehmen ist es üblich, entsandten Mitarbeitern einen ständigen Ansprechpartner (extern oder intern) zur Verfügung zu stellen oder gar eine Hotline zu unterhalten bzw. zu beauftragen.

Wie sich in der Corona-Pandemie gezeigt hat, ist eine laufende Betreuung jedoch besonders wichtig. Politische Maßnahmen und neue Entwicklungen der Gesundheitslage führten zu ständigen Änderungen der rechtlichen Rahmenbedingungen des Auslandseinsatzes sowohl in Deutschland als auch im Einsatzland. So ist es wohl keinem Arbeitnehmer und seinen Familienangehörigen zuzumuten, selbstständig den Überblick zu behalten. Hier wird man ein proaktives Verhalten des Arbeitgebers aus dem Gesichtspunkt der Fürsorgepflicht für erforderlich halten müssen. Dies erfordert im entsendenden Unternehmen einen beachtlichen Aufwand, der selbst bei größten Bemühungen kaum intern zu bewältigen sein wird. So müsste die für die Entsendung zuständige Abteilung in Deutschland einen jederzeitigen tagesaktuellen Überblick über die Gesundheitslage, politische Entwicklungen und rechtliche Anforderungen z. B. des Gesundheits- und Arbeitsschutzes haben und allen betreffenden Mitarbeitern unverzüglich übermitteln. In der Praxis wird dies ohne Hilfestellung durch Dienstleister kaum möglich sein; dabei kann man sich – eine entsprechende Infrastruktur unterstellt – allerdings mit der Unterstützung durch lokale Personalabteilungen behelfen.

Im Gegensatz zur laufenden Betreuung während des Auslandseinsatzes ist die Hilfestellung nach dem Auslandseinsatz meist schon vertraglich geregelt und weist in aller Regel keine Besonderheiten auf.

Zusammenfassend lässt sich zu den Fürsorgepflichten des deutschen Arbeitgebers bei Auslandseinsätzen festhalten, dass ein erhöhter Pflichtenkreis besteht, der künftig wesentlich größere Bedeutung haben wird als dies bislang der Fall war. Zwar sind die entsandten Mitarbeiter verpflichtet, sich – soweit möglich – selbst zu informieren und ihre berufliche und private Lebensführung an den (lokalen) Umständen und Gegebenheiten auszurichten, dennoch bestehen erhebliche Verpflichtungen des Arbeitgebers insbesondere während des Auslandseinsatzes. Dies wird insbesondere kleinere und mittlere Unternehmen, die nicht über eine entsprechende personelle Hilfsinfrastruktur verfügen, vor große Herausforderungen stellen. Insbesondere kann die Fürsorgepflicht des heimischen Arbeitgebers oft weitergehende Maßnahmen als in der Heimat erfordern, was sich sowohl auf die Vertragspraxis als auch auf die praktische Handhabung einer grenzüberschreitenden Entsendung auswirkt.

6.4 Risikomanagement

Um seiner Fürsorgepflicht nachzukommen, muss der Arbeitgeber hinsichtlich der grenzüberschreitenden Entsendung seiner Mitarbeiter ein entsprechendes Risikomanagement betreiben. Hier ist insbesondere die Personalabteilung des Unternehmens gefordert, indem diese im Ausland tätige Mitarbeiter im Krisenfall unterstützt. Die Krisenplanung muss dabei auch eventuell mitreisende Familienangehörige einbeziehen.

Wie die letzten Jahre gezeigt haben, können weltweit und jederzeit gravierende Krisensituationen entstehen, die unter Umständen ein sofortiges Handeln erforderlich machen. Sofern für solche Situationen keine Notfallpläne bestehen und erst nach Eintritt einer Krisensituation erarbeitet werden müssen, geht für den entsandten Arbeitnehmer viel Zeit verloren. Vor diesem Hintergrund muss eine entsprechende Krisenplanung integrales Element jeder Personalabteilung sein, die mit grenzüberschreitenden Entsendungen zu tun hat.

Hintergrundinformationen

Krisensituationen können heutzutage in verschiedene Kategorien eingeteilt werden:

- Naturkatastrophen (schwere Unwetter, Erdbeben, Vulkanausbruch etc.)
- Volatile Beziehungen bzw. politische und soziale Unruhen (Aufstände, Demonstrationen, gewaltsame Plünderungen in diesem Zuge, Terroranschläge)
- Kriminalität (bspw. Entführung, Raub, Körperverletzung)
- Gesundheit (Pandemien, mangelnde Grundversorgung an Medikamenten etc.)

Das Risikoprofil ändert sich dabei von Land zu Land bzw. kann sogar innerhalb verschiedener Regionen eines Landes unterschiedlich sein.

Eine effiziente und effektive Krisenplanung besteht aus Elementen des Risikomanagements vor und nach Eintritt der Krise. Es gilt, potenzielle hohe Risiken zu identifizieren, diese entsprechend zu bewerten und anhand dieser Bewertung eine Strategie zu entwickeln, wie diese Risiken vermieden oder verringert werden können.

Bei der Bewertung der identifizierten Risiken ist zu beachten, dass dieselbe Risikoart je nach Tätigkeit bzw. Land ein unterschiedliches Risikopotenzial aufweisen kann.

Beispiel: Erdbeben in verschiedenen Ländern und Regionen

In den Jahren 2010/2011 wurden sowohl Regionen in Neuseeland als auch in Haiti kurz nacheinander von Erdbeben verwüstet. Während mit den Hilfs- und Aufräumarbeiten in Neuseeland zügig begonnen wurde, führten die Verwüstungen in Haiti zu einem völligen Zusammenbruch der staatlichen und gesellschaftlichen Ordnung, ähnlich wie in New Orleans in den ersten Tagen nach Hurrikan Katrina. ◄

Das Beispiel verdeutlicht, dass bei einer Risikobewertung nicht nur auf das abstrakte Risikopotenzial abgestellt werden darf, vielmehr müssen auch die vorherrschenden sozioökonomischen und infrastrukturellen Strukturen berücksichtigt werden. Zudem kann eine Risikobewertung nicht immer statisch erfolgen, sondern die identifizierten Risiken und die daran anschließende Bewertung können sich durchaus rapide verändern. Vor diesem Hintergrund ist die Risikobewertung in regelmäßigen Abständen zu prüfen.

6.4 Risikomanagement

Beispiel: Veränderungen im Verlauf der Zeit

- Die zunächst friedlichen Demonstrationen schlagen in gewaltsame Aufstände um.
- Nachdem vom Ausbruch einer Seuche zunächst nur wenige Personen betroffen sind, steigt die Krankheitsrate im weiteren Verlauf exponentiell an (bspw. COVID-19). ◀

Wurden die Risiken identifiziert und entsprechend bewertet, ist in einem nächsten Schritt die Entwicklung einer Strategie zur Vermeidung der Risiken notwendig. Konkret geht es dabei um die Senkung der Eintrittswahrscheinlichkeit oder des Schadenspotenzials der identifizierten und bewerteten Risiken.

▶ Zur Vermeidung bzw. Verringerung etwaiger Risiken könnten folgende Maßnahmen Abhilfe schaffen:

- Gefahrensensibilisierung vor Entsendung (Verhaltensregeln, Gefahrenaufklärung etc.);
- Abschluss entsprechender Versicherungen (Krankenversicherung, Auslandsrechtsschutz etc.);
- Erstellen von speziellen Telefonverzeichnissen (Botschaft, Krankenhaus bzw. Arzt etc.);
- Erstellen einer Liste der nächstgelegenen Flughäfen inkl. der anfliegenden Fluggesellschaften.

Insbesondere der Informationsgewinnung ist eine wichtige Bedeutung im Rahmen der Risikovorsorge beizumessen. Können für den entsandten Mitarbeiter wichtige Informationen erst nach Eintritt einer Krise ermittelt werden, geht dies mit einem Verlust wertvoller Zeit für den Mitarbeiter einher (bspw. Ermittlung des Flughafens, von welchem der Mitarbeiter mit welcher Maschine ausgeflogen werden kann, erst nach Verkündung von Reisebeschränkungen).

Ferner sollte auch im Rahmen des Risikomanagements die zeitliche Komponente von Krisensituationen beachtet werden. So kann bei einer Krisensituation am Abend des 24. Dezembers der betreffende Mitarbeiter nicht darauf warten, bis die Personalabteilung am 27. Dezember (oder gar noch später) wieder besetzt ist.

Im Rahmen des Krisenmanagements nach Eintritt einer Krise kommt der Herstellung und Aufrechterhaltung der Kommunikation mit dem betroffenen

Mitarbeiter höchste Priorität zu. In Anbetracht der (Zer-)Störung oder Überlastung von Kommunikationsnetzwerken gestaltet sich dies phasenweise schwierig (bspw. nach den Anschlägen am 11.09.2001 in New York).

▶ In diesem Zusammenhang spielen die jeweiligen Botschaften und Generalkonsulate eine wichtige Rolle. So bietet z. B. die deutsche Botschaft in fast allen Ländern eine Krisenvorsorgeliste an, auf der man sich als Auslandsdeutscher eintragen kann.

Zusammenfassend ist die Ausarbeitung eines Risikomanagements bzw. eines Krisennotfallplans in der Regel mit großem Aufwand verbunden. Zudem sind erfahrungsgemäß innerhalb vieler Personalabteilungen ausreichende Risikomanagement-Kenntnisse selten vorhanden. Daher stellt sich bei etlichen Unternehmen die Frage, ein Risikomanagement intern oder extern zu betreiben.

Gerade kleine und mittlere Unternehmen, deren Personalabteilung nicht besonders spezialisiert ist, sollten die Krisenplanung an entsprechende externe Anbieter auslagern. In diesem Zusammenhang ist wichtig, dass zwar die Arbeit, nicht jedoch die Verantwortung an externe Dritte delegiert werden kann. Insofern sollte sich die Personalabteilung auch bei einer Auslagerung regelmäßig einen Überblick über den Stand der Krisenplanung verschaffen.

Bei großen Unternehmen bietet sich in der Regel eine Inhouse-Lösung an, bspw. im Rahmen einer Kooperation zwischen Personalabteilung und entsprechenden anderen Abteilungen des Unternehmens.

Ihr Transfer in die Praxis

- Auflösung von Loyalitäts- oder Rechtskonflikten durch vorausschauende Vertragsgestaltung im Vorfeld der Entsendung
- Die Fürsorgepflichten des Arbeitgebers gehen umso weiter, je fremder die Tätigkeitsstätte des Arbeitnehmers hinsichtlich seiner politischen und kulturell-religiösen Prägung ist.
- Risikomanagement als Ausprägung der Fürsorgepflicht des Arbeitgebers und guter Compliance-Strukturen ◀

Literatur

Behrendt/Weyhing, Compliance mit dem AÜG bei Auslandsentsendungen, in: BB 2017, 2485 ff.
Bruns, Das neue Hinweisgeberschutzgesetz, in: NJW 2023, 1609 ff.
Erhart/Ehrsam, Payroll-Split für international tätige Mitarbeiter – Steuer- und sozialversicherungsrechtliche Aspekte, in: StB 2007, 59 ff.
Falder/Frank-Fahle, Wachsende Herausforderungen durch neue Compliance-Anforderungen bei Entsendungen, in: PIStB 2020, 236 ff.
Hastenrath, Erfolgreiche Compliance-Kommunikation im (internationalen) Unternehmen, in: CB 2016, 200 ff.
Hoffmann, Mitarbeiterentsendungen ins Ausland, in: DB 2019, 1737 ff.
Marschlich/Krause, Die Berücksichtigung von HR-Themen in einem Compliance-Management-System, in: CB 2015, 358 ff.
Siegmann, Gefährdungsbeurteilung für Auslandseinsätze, in: ARP 2020, 20 ff.
Thurow, Risikomanagement bei Mitarbeiterentsendung, in: BC 2017, 57 ff.
Zieglmeier, Beitrags-Compliance bei (Fremd-)Personaleinsatz im Unternehmen, in: DStR 2018, 619 ff.

Arbeiten in der Krise 7

> **Was Sie aus diesem Kapitel mitnehmen**
> - Die arbeitsvertraglichen Grundsätze gelten auch in Zeiten einer Krise
> - Mitunter ist eine Modifikation notwendig, um den Bedürfnissen des entsandten Mitarbeiters bestmöglich gerecht zu werden
> - Die Kosten sind bei staatlich angeordneten Maßnahmen grundsätzlich vom Arbeitgeber zu tragen
> - Ein vorzeitiges Rückkehrrecht des entsandten Arbeitnehmers besteht nur in Ausnahmefällen, sofern dieses nicht entsendungsvertraglich geregelt wurde

Die Corona-Pandemie hat im Hinblick auf die Arbeitsorganisation und den Arbeitsplatz für ein Umdenken gesorgt. Die mit der Pandemie verbundenen Maßnahmen (Grenzschließungen, Reisebeschränkungen, Betriebsschließungen, Lockdown, Ausgangssperren und Vorgaben bezüglich einer Tätigkeit im Homeoffice) hatten großen Einfluss auf die Arbeits- und Mitarbeiterorganisation eines jeden Unternehmens im betroffenen Land. Es bedarf allerdings keiner Pandemie, denn Krisensituationen treten immer wieder in lokal begrenztem Umfang auf. Zu denken ist an kriegerische Auseinandersetzungen wie aktuell in der Ukraine oder im Nahen Osten, Naturkatastrophen wie Erdbeben, Vulkanausbrüche, Überschwemmungen oder lokale Aufstände und gewaltsame Regierungswechsel. In praktisch allen derartigen Situationen ist über einen begrenzten Zeitraum kein normales Arbeiten möglich.

Auch jenseits größerer Krisen kann es am Arbeitsort zu Einschränkungen kommen. So führt z. B. die westliche Sanktionspolitik gegenüber Russland und dem Iran ebenso zu Erschwernissen wie häufige und lange Stromausfälle wie aktuell in Südafrika. Auch wirtschaftliche Ereignisse wie eine hohe Inflation in Argentinien und daraus resultierende Unruhen sind hier zu nennen.

So wurde zwangsläufig auch der internationale Mitarbeitereinsatz vor neue Herausforderungen gestellt, indem neue Situationen und Umstände entstanden, die möglicherweise weder im Arbeitsvertrag noch in der Entsendevereinbarung geregelt waren. Zwar stehen unter Umständen alternative Arbeitsplatzmodelle zur Verfügung, ein Allheilmittel sind sie indes nicht. Dies gilt insbesondere auch, da in Krisen nicht nur der Arbeitsplatz tangiert ist, sondern oft auch das gesellschaftliche Leben eingeschränkt sein wird und damit auch Familienangehörige betroffen sind.

7.1 Reisebeschränkungen

Reisebeschränkungen und Grenzschließungen können entsandte Mitarbeiter in eine missliche Lage bringen. Gewöhnlich konnten diese ihrer Arbeit nicht mehr uneingeschränkt nachgehen. Dabei sind verschiedene Szenarien denkbar, in denen der entsandte Mitarbeiter Probleme hat, die Arbeitsleistung an seinem gewöhnlichen Arbeitsplatz auszuführen. Insofern lässt sich die Betroffenheit in drei Kategorien einteilen:

- Der entsandte Arbeitnehmer befindet sich im Einsatzgebiet.
- Der entsandte Arbeitnehmer wird auf einer Dienst- oder Privatreise von einer Krise überrascht, sodass eine Rückkehr an den Arbeitsplatz nicht oder nur unter erschwerten Umständen möglich ist.
- Der entsandte Arbeitnehmer hält sich im Heimatland auf und ist aufgrund der Krise gehindert, zurück in das Zielland zu reisen.

Jede dieser drei Varianten weist eigenständige Problemfelder auf. Insgesamt stellen sich neben arbeits- und sozialversicherungsrechtlichen Aspekten auch finanzielle Fragen (bspw. Kostentragung bei einer Rückholaktion von entsandten Mitarbeitern infolge von Ausgangs- oder Reisebeschränkungen).

7.1.1 Arbeitsvertrag und Entsendevereinbarung

> Detaillierte Ausführungen zum Arbeitsvertrag und zur Entsendevereinbarung bei einem grenzüberschreitenden Mitarbeitereinsatz finden sich bereits in Kap. 2. Nachfolgend sollen diese beiden Rechtsgrundlagen im Kontext einer Tätigkeit des entsandten Mitarbeiters in einer Krise dargestellt werden.

Krisen und außergewöhnliche Umstände sind weiterhin nur selten im Arbeitsvertrag geregelt. Insbesondere trifft der Arbeitsvertrag oder die Entsendevereinbarung vielfach keine Aussage darüber, wie mit der Tätigkeitseinschränkung des Mitarbeiters infolge von öffentlich-rechtlichen Vorschriften im Einsatzland (bspw. Reisebeschränkungen oder die Verpflichtung zur Arbeit im Homeoffice) umzugehen ist.

Wenn auch die Beschränkungen auf Gesetzen des jeweiligen Landes basieren, sind diese auf einen außergewöhnlichen Umstand zurückzuführen. Hierfür gibt es grundsätzlich das Rechtsinstitut der „höheren Gewalt". Eine derartige Absicherungsklausel findet sich mittlerweile in nahezu sämtlichen Verträgen (bspw. Lieferverträgen) als Folge der Corona-Pandemie.

▶ Im deutschen Recht wird unter „höherer Gewalt" ein betriebsfremdes, von außen kommendes Ereignis verstanden, welches unvorhersehbar und ungewöhnlich ist und das mit wirtschaftlich erträglichen Mitteln auch durch äußerste, nach der Sachlage vernünftigerweise zu erwartende Sorgfalt nicht verhütet oder unschädlich gemacht werden kann (vgl. BGH, Urt. v. 30.05.1974 – III ZR 190/71; Urt. v. 16.05.2017 – X ZR 142/15).

Vor dem Hintergrund einer Vielfalt denkbarer Krisensituationen ist insofern anzuraten, zukünftig Bestimmungen in den Arbeits- und/oder Entsendungsvertrag mit aufzunehmen, die klar definieren, wann eine Tätigkeitseinschränkung infolge von „höherer Gewalt", d. h. nicht beeinflussbaren Umständen, vorliegt, welche Auswirkungen dies auf die Arbeitsleistung hat und wie ggf. die Arbeitsleistung vom entsandten Mitarbeiter dennoch bewerkstelligt werden kann (alternative Arbeitsplatzmodelle – Verpflichtung, im Home-Office zu arbeiten).

7.1.2 Entgeltfortzahlung

In Krisenzeiten ist es wahrscheinlich, dass entsandte Arbeitnehmer ihrer „gewöhnlichen" Arbeit im Einsatzland nicht oder nur teilweise nachgehen können, da die Tätigkeit durch behördliche Maßnahmen und faktische Einschränkungen (z. B. auch die Störung von Kommunikationsmitteln) unmöglich ist. Reisebeschränkungen sind insbesondere auch relevant, wenn der Entsandte nicht nur für ein Land, sondern für eine ganze Region zuständig ist. Kann der entsandte Mitarbeiter infolge von Beschränkungen im Zielland seiner Arbeitspflicht nur teilweise bzw. gar nicht nachkommen, stellt sich zwangsläufig die Frage nach der Entgelt(fort)zahlung. Grundsätzlich richtet sich diese nach den jeweiligen Vereinbarungen im Arbeits- bzw. Entsendungsvertrag.

▶ Da entweder der Arbeitsvertrag oder die Entsendevereinbarung eine Vereinbarung hinsichtlich der Entgeltfortzahlung enthalten werden, ist es sinnvoll, zukünftig entsprechende Regelungen bezüglich höherer Gewalt oder Homeoffice-Tätigkeit in den Vertrag aufzunehmen, welche die Entgeltfortzahlung im Hinblick auf besondere Umstände modifizieren.

7.1.2.1 Heimatland (am Beispiel Deutschland)

Im deutschen Recht bemisst sich die Entgeltfortzahlung nach § 615 i. V. m. § 326 BGB und dem Gedanken der Betriebsrisikolehre. Diese tritt ein, sofern die Arbeitstätigkeit nur verändert oder überhaupt nicht ausgeführt werden kann.

▶ Die Betriebsrisikolehre stellt auf die Differenzierung zwischen Betriebs- und Wirtschaftsrisiko ab. Beim Betriebsrisiko, welches von § 615 S. 3 BGB erfasst wird, geht es um die Frage, ob der Arbeitgeber den Lohn zu zahlen hat, wenn er ohne eigenes Verschulden die Belegschaft aus betriebstechnischen Gründen nicht beschäftigen kann. Insofern kann Betriebsrisiko als Risiko des Arbeitgebers, seinen Betrieb nicht betreiben zu können, definiert werden (bspw. Naturkatastrophen, Brandschäden, witterungsbedingter Arbeitsausfall oder Pandemien). Ist hingegen die Fortsetzung des Betriebs wegen Auftrags- oder Absatzmangels in ökonomischer Hinsicht sinnlos, spricht man vom Wirtschaftsrisiko. Betriebstechnisch bleibt die Arbeitsleistung hier möglich.

Es gilt jedoch zu berücksichtigen, dass diese gesetzliche Regelung nur auf die Mitarbeiterentsendung in Form der konzerninternen Personalgestellung Anwendung findet. Wie bereits ausgeführt, bleibt der Mitarbeiter bei dieser Variante grundsätzlich bei dem deutschen Entsendeunternehmen angestellt, weshalb deutsches Recht Anwendung findet. Für die externe Personalgestellung ist auf den lokalen Arbeitsvertrag, die Entsendevereinbarung oder schließlich auf das Arbeitsrecht des Einsatzlandes abzustellen.

Unabhängig vom Arbeitsrecht des jeweiligen Landes ist zunächst ein Blick auf die Vereinbarungen in der Entsendevereinbarung zu werfen. In der Regel ist dort eine **Auslandszulage** normiert, die nur für die tatsächliche Tätigkeit des Mitarbeiters im Ausland greift. Im Hinblick auf eine (Fort-)Zahlung der Auslandszulage müssen verschiedene Krisenszenarien beleuchtet werden. Ist es dem entsandten Mitarbeiter aufgrund der Krise/Umstände nicht mehr möglich, die Tätigkeit im Einsatzland zu verrichten, muss er unter Umständen vom Arbeitgeber aus dem Ausland zurückgeholt werden. In diesem Fall wird durch die Rückholaktion des Arbeitgebers die Entsendevereinbarung beendet, weswegen auch in der Regel die Auslandszulage entfällt. Kann der entsandte Arbeitnehmer hingegen seine Tätigkeit im Ausland – möglicherweise nur noch im Homeoffice im Einsatzland – verrichten, wird die Zulage dennoch bezahlt, da sich der Mitarbeiter weiterhin im Ausland befindet.

7.1.2.2 Ausland

Sollte der entsandte Mitarbeiter infolge der Krise seine persönliche Arbeitsleistung nicht erbringen können, wird die Entgeltfortzahlung wie bei jeder anderen unverschuldeten Abwesenheit behandelt werden müssen.

Im Ausland wurden während der Pandemie unterschiedliche Regelungen in Bezug auf eine Entgeltfortzahlung erlassen. Allerdings zeigte sich, dass die Regierungen nicht unmittelbar auf eine Fortzahlung des Lohns abzielten, sondern überwiegend Maßnahmen erließen, um die Arbeit trotz Krisenzeiten vollständig aufrechtzuerhalten. So ging es neben der Abmilderung der Folgen einer Entlassung für den ausländischen Arbeitnehmer insbesondere um die Unterstützung von Unternehmen bei der Umgestaltung ihrer Unternehmensstrukturen. So wurde in den Vereinigten Arabischen Emiraten für bestimmte Sektoren und Personengruppen (Schwangere, Menschen mit Vorerkrankungen, Personen über 55 Jahre) ein Homeoffice-Arbeitsplatz vorgeschrieben. Ferner wurde dem Arbeitnehmer (un)bezahlter Urlaub gewährt, bevor es zu vorübergehenden bzw. dauerhaften Gehaltskürzungen kommen sollte.

7.1.2.3 „Niemandsland" (Urlaub- oder Geschäftsreise)

Es kann in seltenen Fällen vorkommen, dass sich der entsandte Mitarbeiter (oder ein vom Heimatland aus tätiger Geschäftsreisender) weder im Heimatland noch im

Einsatzland befindet und dort aufgrund von Reisebeschränkungen (diese können sofort greifen, sodass eine Ausreise nicht mehr möglich ist) „strandet". Dies kann auch bei Geschäftsreisen oder Urlaubsreisen geschehen. Üblicherweise unterhält der „gestrandete" Entsandte in dem Land keinen Wohnsitz. Aufgrund der Reisebeschränkungen (z. B. einer Grenz- oder Flughafenschließung) ist es dem Arbeitnehmer auch nicht möglich, in das Einsatz- oder Heimatland zurückzukehren.

Vor dem Hintergrund, dass der Reisende vielfach nicht über ein voll ausgerüstetes mobiles Büro verfügt oder sicher aus seinem Hotel oder Ferienhaus kommunizieren kann, wird ein sinnvolles und produktives Arbeiten bzw. eine Zusammenarbeit mit dem Unternehmen nur unter erschwerten Umständen bzw. überhaupt nicht möglich sein. Insofern kommt dieser Erwägung für die Frage der Entgeltfortzahlung besondere Berechtigung zu. Hält sich die Dauer des Aufenthaltes in Grenzen, besteht eine Pflicht zur Fortzahlung des Entgelts. Für den wahrscheinlich eher seltenen Fall, dass es sich um einen längeren unfreiwilligen Aufenthalt (über Monate hinweg) handelt, sind die konkreten Umstände des Einzelfalls maßgeblich, wie die Möglichkeit zur Ausführung der Arbeitsleistung (evtl. Anmietung von Büroräumen oder Kauf von Arbeitsmitteln).

7.1.3 Kostentragung

Neben der Entgeltfortzahlung stellt sich ferner die Frage nach der Kostentragung. Diese wird regelmäßig auch durch den Arbeits- und Entsendungsvertrag beantwortet, jedoch können in Krisenzeiten außerordentliche bzw. außerplanmäßige Kosten entstehen.

▶ Abhängig von dem exakten Vertragsinhalt und der Position des Arbeitnehmers wird bei der Erstellung von Regelungen zur Frage der Entgeltfortzahlung oder der Kostentragung eine Bindung an tarifliche oder betriebliche Regelungen zu berücksichtigen sein.

Gerade im Rahmen von internationalen Mitarbeitereinsätzen können im Hinblick auf die Kostentragung Probleme auftreten. Vielfach verfügen Entsandte im Heimatland (schon aus steuerlichen Gründen) über keinen dauerhaften Wohnsitz. Die Kosten der Unterbringung und der Rückreise (eventuell auch für Angehörige) können schnell eine erhebliche Höhe erreichen, überdies laufen zugleich die entsprechenden Kosten im Einsatzland meist fort.

Insofern bietet es sich an, im Zweifel (d. h. es liegt keine konkrete Regelung im Arbeitsvertrag oder in der Entsendevereinbarung bezüglich der Kostentragung vor) zur Beantwortung der Frage darauf abzustellen, wo sich der entsandte Mitarbeiter befindet und auf wessen Initiative er dort ist.

Befindet sich der Arbeitnehmer dem Arbeitsvertrag und der Entsendevereinbarung entsprechend im Einsatzland (d. h. der Aufenthalt ist durch den Arbeitgeber veranlasst oder zumindest geduldet), wird sich der Arbeitgeber auch um die entstehenden Zusatzaufwendungen kümmern müssen. Ist es hingegen der besorgte Arbeitnehmer, der die Zeit der Krise lieber im Heimatland als im Einsatzland verbringen will, muss er die Kosten der Unterbringung und andere Zusatzkosten selbst tragen.

> Bezüglich der verschiedenen Kosten für eine Rückreise des entsandten Mitarbeiters (samt Familie) in das Heimatland muss differenziert werden. Wurde die Rückreise des Arbeitnehmers seitens des Arbeitgebers oder gar durch Regierungsmaßnahmen angeordnet, sind die Kosten vom Arbeitgeber zu tragen. Wurde die Rückkehr jedoch nicht vom Arbeitgeber veranlasst und handelte der Arbeitnehmer aus eigenem Antrieb, sind die Kosten nicht erstattungsfähig. Diese verbleiben letztlich beim Mitarbeiter.

Interessanter ist die Frage der Kostentragung bei einer unfreiwillig verlängerten Geschäftsreise bzw. Urlaubsreise. Aus dem Gesichtspunkt des Aufwendungsersatzes wird man jedoch, da den/die reisende(n) Geschäftsmann/-frau kein Verschulden an dem längeren Auslandsaufenthalt trifft, den Arbeitgeber für verpflichtet halten müssen, die Aufenthaltskosten nach den geltenden Regeln für Geschäftsreisen zu tragen. Unter Berücksichtigung der Pflicht zur Schadensminderung kann der Arbeitnehmer allerdings verpflichtet sein, sich bei absehbar längerer Aufenthaltsdauer eine günstigere Unterkunft als das vielleicht für ein paar Tage gebuchte Fünf-Sterne Hotel zu suchen. Anders ist dies natürlich bei einer Urlaubsreise, von der eine Rückkehr kurzzeitig nicht möglich ist. Hier wird der Mitarbeiter alle Zusatzkosten selbst zu tragen haben (in einer Art Analogie zum vom Arbeitnehmer zu tragenden *Wegerisiko*).

Wenn eine sofortige Rückkehr in das Einsatzland nicht möglich ist, wird der Mitarbeiter auch verpflichtet sein, die erste Möglichkeit der angebotenen Repatriierung in das Heimatland zu nutzen.

7.2 (Temporäre) Betriebsschließung

7.2.1 Allgemeines

In der Corona-Pandemie wurden Arbeitsprozesse sowie die Betriebsorganisation vieler Unternehmen auf den Kopf gestellt. Infizierte Mitarbeiter sowie Verdachtsfälle oder „Kontaktpersonen" mussten sich sicherheitshalber für eine gewisse Zeit in Quarantäne begeben. Auch wurden seitens etlicher Regierungen Anordnungen erlassen, die zu einer vorübergehenden Schließung der Betriebe führten (bspw. Vereinigte Arabische Emirate). Auch hier stellte sich die Frage nach arbeitsvertraglichen Regelungen zur Homeoffice-Tätigkeit, Entgeltfortzahlung und Kostentragung für das Homeoffice.

Sofern sich der entsandte Mitarbeiter in Quarantäne begeben musste, verblieb ihm als einziges Arbeitsplatzmodell das Homeoffice. Hier ist er jedoch hinsichtlich seiner Arbeitszeiten nicht eingeschränkt (sogar flexibler), sodass es zu keiner spürbaren Einschränkung der Arbeitsleistung kommen sollte. Insofern hatte eine Quarantänezeit keine Auswirkungen für die Fortzahlung des Entgelts. Etwas anderes kann grundsätzlich gelten, wenn es sich bei dem entsandten Mitarbeiter um einen Geschäftsreisenden handelt, der für mehrere Länder zuständig ist, oder wenn seine Tätigkeit (überwiegend) seine physische Anwesenheit vor Ort erfordert.

Zuständiger Handelsvertreter für die GCC-Region

Die Spezialmaschinen GmbH hat einen Mitarbeiter nach Dubai in die Tochtergesellschaft entsandt, damit dieser von dort aus ein Vertriebsnetzwerk für die Staaten des Golfkooperationsrates (GCC-Staaten) aufbaut. Um seiner Tätigkeit nachzukommen, muss der Mitarbeiter wöchentlich Geschäftsreisen in die entsprechenden GCC-Staaten tätigen. Infolge der COVID-19-Pandemie gab es indes diverse Reisebeschränkungen, die es dem Mitarbeiter unmöglich machen, in die verschiedenen Länder der GCC-Region zu reisen.

Meist war eine Kontaktaufnahme mit potenziellen Kunden bzw. Partnern über Videokonferenzen möglich. Wenngleich dies nicht den persönlichen Kontakt ersetzen kann, handelt es sich hierbei um eine zukunftsträchtige Alternative. Insofern ist auch der geschäftsreisende Mitarbeiter nicht in seiner Arbeitsleistung eingeschränkt. ◄

Grundsätzlich lässt sich eine Aussage dahingehend treffen, dass ein zeitweises, durch krisenhafte Umstände erzwungenes Arbeiten im Homeoffice für den entsandten Mitarbeiter mit keinen spürbaren Auswirkungen verbunden ist. Natürlich sind gewisse Einschränkungen spürbar, wenn sich der Arbeitsplatz zwangsläufig in der Wohnung/dem Hotel des entsandten Mitarbeiters befindet. Hinsichtlich der Entgeltfortzahlung oder Kostentragung kann dabei allerdings nichts anderes gelten, als wenn der Arbeitnehmer regelmäßig seinen Arbeitsplatz im Büro einnimmt.

7.2.2 Rückkehrrecht des Entsandten oder Rückholpflicht des Arbeitgebers

Kommt es zu vorübergehenden Betriebsschließungen oder schottet sich das Land komplett vom Rest der Welt ab, ist es nicht unwahrscheinlich, dass entsandte Arbeitnehmer eine Rückholaktion der Bundesregierung nutzen oder vorzeitig aus eigenem Antrieb in das Heimatland zurückkehren.

Grund hierfür ist die Einschätzung des entsandten Mitarbeiters, dass sich die Verhältnisse im Heimatland als sicherer erweisen als im Einsatzland. Insofern besteht die Frage, ob überhaupt ein (vorzeitiges) Rückkehrrecht des entsandten Mitarbeiters besteht und ob aus diesem ggf. eine Rückholpflicht des Arbeitgebers resultiert, sofern das Einsatzland als Krisengebiet eingestuft wird.

In diesem Zusammenhang ist zunächst die vertragsrechtliche Situation auf Basis der Entsendungsregelungen zu prüfen. Regelmäßig verfügt der entsandte Mitarbeiter über eine Zusatzvereinbarung zum Arbeitsvertrag. Dort werden regelmäßig die Details des Auslandsaufenthalts vollumfänglich geregelt, sodass mitunter eine Klausel zur vorzeitigen Rückkehr des Arbeitnehmers vorhanden ist. Ein (vorzeitiges) Rückkehrrecht des Entsandten ist in vielen Entsendungsvereinbarungen für den Fall einer Notlage vorgesehen. Fälle höherer Gewalt, Unruhen sowie politische und gesundheitliche Krisensituationen sind in aller Regel Rückkehrgründe.

Sofern der Arbeitsvertrag oder die Entsendevereinbarung keine Regelungen zur vorzeitigen Rückkehr des entsandten Mitarbeiters enthalten, könnte in einem zweiten Schritt eine Rückholpflicht des entsandten Mitarbeiters durch den Arbeitgeber bestehen. Solch eine Rückholverpflichtung des Arbeitgebers leitet das Bundesarbeitsgericht in gewissen Situationen aus dessen Fürsorgepflicht ab. Grundsätzlich kommt für den Arbeitgeber sogar eine Berufung auf sein Direktionsrecht (§ 106 GewO) in Betracht, um den Arbeitnehmer einseitig zurückzuordnern. Dieses erstreckt sich nämlich nicht nur auf die konkrete Tätigkeit, sondern auch auf den Arbeitsort. Ob dies auch in Entsendungsfällen gilt, in denen eine meist befristete Festlegung des ausländischen Tätigkeitsorts erfolgt, ist jedoch in Frage zu stellen.

Grundsätzlich sollten also Klauseln im Entsendevertrag enthalten sein, die vollumfassend regeln, ob und wie bzw. in welchen Konstellationen eine (vorzeitige) Rückkehr des entsandten Mitarbeiters in Betracht zu ziehen ist. Die Normierung einer Rückkehrregelung ist vor dem Hintergrund notwendig, dass grundsätzlich eine Rückkehr aus eigenem Antrieb und dementsprechend eine Verweigerung der Arbeit seitens des entsandten Arbeitnehmers nicht möglich ist. Allerdings bestehen Ausnahmen von diesem Grundsatz, sofern eine unmittelbare Gefahr für den Arbeitnehmer besteht. In diesem Fall muss der Arbeitgeber aufgrund seiner Fürsorgepflicht auf eine vorzeitige Beendigung des Auslandseinsatzes hinwirken. Als Anhaltspunkt können Reisewarnungen des Auswärtigen Amts bezüglich des Entsendelands dienen.

Insgesamt ist eine Rückholverpflichtung des Arbeitgebers vom Einzelfall abhängig und kann nur in seltenen Fällen vom Arbeitnehmer durchgesetzt werden. Eine andere Aussage lässt sich für von den Leistungen des Vertrages erfasste Familienangehörige treffen, wenn bspw. eine langfristige oder sogar endgültige Schließung von (Auslands-)Schulen erfolgt.

7.3 Homeoffice

Seit der Pandemie ist das Arbeitsplatzmodell des Homeoffice/Remote Working immer bedeutsamer geworden. Zum einen stellten etliche Unternehmen ihren Arbeitnehmern frei, während der Pandemie im Homeoffice zu arbeiten, sodass es sich um eine zusätzliche Arbeitsplatzalternative handelte. Zum anderen wurden in einigen Ländern auch Arbeitsbeschränkungen dahingehend ausgesprochen, dass Büros geschlossen wurden. Bis heute wird sogar krisenunabhängig debattiert, ob eine Verpflichtung im Homeoffice zu arbeiten, gesetzlich normiert werden soll (bspw. Deutschland). Im Hinblick auf den entsandten Mitarbeiter ergibt sich die Möglichkeit des Homeoffice allerdings nur für diejenigen, die (überwiegend) im Büro tätig sind.

7.3.1 Gesetzliche Anordnung von Homeoffice-Tätigkeit

Einige Länder (u. a. die Vereinigten Arabischen Emirate) haben während der Pandemie Vorschriften erlassen, die ausdrücklich eine Verpflichtung für den Arbeitgeber vorsahen, dem Arbeitnehmer (bspw. bestimmte Personengruppen, wie Personen über 55 Jahre, Schwangere, Menschen mit Vorerkrankungen) – auf irgendeine Weise – eine Tätigkeit im Homeoffice zu ermöglichen. Diese Verpflichtung ging generell mit der Fürsorgepflicht des Arbeitgebers gegenüber seinen Arbeitnehmern einher, unabhängig davon, wo die Mitarbeiter tatsächlich ihre Arbeit verrichteten.

7.3 Homeoffice

Diese Spezialregelungen haben indes zumeist die Pandemie nicht überdauert. Soweit ersichtlich, sind zwingende Regelungen mittlerweile aufgegeben worden. Allenfalls in Sondergesetzen wie dem Infektionsschutzgesetz sind weiterhin Regelungen enthalten, die nach Feststellung zusätzlicher Voraussetzungen durch Regierungen oder Parlamente die abstrakte Möglichkeit enthalten, verpflichtende Regelungen wie Homeoffice Arbeit zum Schutz der Bevölkerung (neu) einzuführen.

Heute ist es ungeachtet einer gewissen Popularität wieder der autonomen Vereinbarung der Arbeitsvertragsparteien überlassen, ob und wann auch von zuhause gearbeitet werden kann. Eine Folge der Pandemie ist allerdings, dass sich in vielen Entsendevereinbarungen Klauseln, wonach der Arbeitnehmer u. U. auch verpflichtet ist, seine Leistung in dieser Form zu erbringen, finden lassen.

7.3.2 Pflichten des Arbeitnehmers im Homeoffice

Erfolgt die Einrichtung des Homeoffice-Arbeitsplatzes nicht zwangsmäßig durch Regierungsmaßnahmen, muss die Genehmigung des Arbeitgebers für die Homeoffice-Tätigkeit eingeholt werden. Vor dem Hintergrund, dass eine Kontrolle und der Zugang – möglicherweise auch der Kontakt – für den Arbeitgeber zum Mitarbeiter im Homeoffice oftmals nur erschwert möglich ist, können sich aus diesem Umstand jederzeit gewisse Berichts- und Nachweispflichten, aber auch Leistungs- und Produktivitätsnachweise an den Arbeitgeber ergeben. In diesem Zusammenhang muss über die modernen Kommunikationsmittel (E-Mail, Videokonferenz, Mobiltelefon) eine den geschäftlichen Erfordernissen entsprechende kontinuierliche Verfügbarkeit hergestellt werden.

Die Überwachung von Mitarbeitern im Homeoffice ist, sei es durch Software zur Leistungsmessung, durch Videoüberwachung oder andere Methoden, nur unter strengen Voraussetzungen möglich. Der Arbeitgeber bleibt schließlich, auch wenn der Arbeitnehmer im Homeoffice arbeitet, Verantwortlicher im Sinne der DSGVO. So ist die Homeoffice-Tätigkeit auf die einschlägigen und lokalen Datenschutzbestimmungen am Einsatzort auszurichten. Informationen und Dokumente sind stets vertraulich zu behandeln und nur im Rahmen der Geschäftstätigkeit zu nutzen. Der Arbeitgeber ist gemäß Art. 32 der DSGVO verpflichtet, geeignete technische und organisatorische Maßnahmen zu ergreifen, um ein dem Risiko angemessenes Schutzniveau für die Verarbeitung personenbezogener Daten zu gewährleisten. Zu möglichen Maßnahmen gehören bspw. die Implementierung von Maßnahmen, die den Zugriff auf den PC oder bestimmte Daten beschränken, Virenschutz und regelmäßige Updates. Schließlich müssen nach Ende der Homeoffice-Tätigkeit auf Verlangen des Arbeitgebers die von ihm zur Verfügung gestellten Arbeitsmittel zurückgegeben werden.

7.4 Sozialversicherung und Steuern in Krisensituationen

7.4.1 Kurzarbeit und Lohnersatzleistungen

In Deutschland kann es in Krisensituationen dazu kommen, dass Unternehmen ihren Betrieb auf Kurzarbeit umstellen, da Umsätze infolge der Krise ausbleiben oder stark zurückgehen. Die deutschen Regelungen zur Kurzarbeit sind weltweit ziemlich einzigartig. Insofern ist für die Frage, ob und inwiefern die deutschen Regelungen zur Kurzarbeit auch einem ins Ausland entsandten Mitarbeiter zugutekommen, auf den Arbeitsvertrag und die Entsendevereinbarung abzustellen.

Dabei wird es meist auf den sozialversicherungsrechtlichen Status des Mitarbeiters ankommen. Die üblichen Kurzarbeitsklauseln in den Arbeitsverträgen, Betriebsvereinbarungen und Tarifverträgen machen die Möglichkeit der Anordnung von Kurzarbeit durch den Arbeitgeber nämlich davon abhängig, ob die Voraussetzungen zur Gewährung von Kurzarbeitergeld durch die Bundesagentur für Arbeit vorliegen. Eine andere vertragliche Regelung wäre aus deutscher Sicht kaum möglich, liefe sie doch auf ein einseitiges Recht des Arbeitgebers zur Gehaltskürzung hinaus. Maßgeblich für die Anordnung von Kurzarbeit und die Inanspruchnahme staatlicher Leistungen ist also bei entsandten Mitarbeitern, ob diese (weiterhin) der deutschen Sozialversicherung unterliegen. Dies ist anhand der Ausstrahlungsregeln des § 4 SGB IV sowie etwaiger bilateraler Sozialversicherungsabkommen zu beurteilen. Zudem ist zu prüfen, ob (ggf. mit Unterstützung des Arbeitgebers) eine freiwillige Weiterversicherung in der Arbeitslosenversicherung erfolgt ist.

Je nach Lage des Unternehmens in Deutschland ist bei mehreren anwendbaren Verträgen weiter zu beurteilen, inwieweit ein Anspruch des Mitarbeiters auf Lohnersatzleistungen oder sonstige finanzielle Hilfen im Einsatzland besteht. In vielen Fällen wird dies davon abhängig sein, ob (auch) eine Versicherungspflicht im lokalen Sozialversicherungssystem besteht. Insoweit kann es als Anknüpfungspunkt auch auf die Zahlung von Einkommensteuer im Einsatzland ankommen. Diese Voraussetzung wird aufgrund der Regeln des internationalen Steuerrechts (insbesondere Doppelbesteuerungsabkommen) oft erfüllt sein.

Hinsichtlich staatlicher Lohnersatzleistungen stellt sich die Problematik der adäquaten Beschäftigung nicht nur im Hinblick auf die eigentliche Auslandstätigkeit, sondern auch dann, sofern der wegen einer Krise aus dem Ausland zurückgekehrte bzw. -geholte Mitarbeiter im Heimatland nicht sinnvoll eingesetzt werden kann.

Während gleichbetroffene Arbeitnehmer im Heimatland (bspw. Deutschland) relativ problemlos in Kurzarbeit geschickt werden können und den Arbeitgeber so finanziell entlasten, ist dies bei Entsandten nicht so eindeutig.

Da es zunächst auf den Ort ankommt, an dem der betroffene Mitarbeiter seine Sozialversicherung unterhält, ist die Beurteilung bei echten Entsendungsfällen im Sinne des SGB IV, bei denen der Arbeitnehmer in der deutschen Sozialversicherung verbleibt, verhältnismäßig leicht und ein Anspruch auf Lohnersatzleistungen im Regelfall gegeben.

In anderen Fällen (der entsandte Mitarbeiter verbleibt nicht in der deutschen Sozialversicherung) ist darauf abzustellen, ob ein Sozialversicherungsabkommen zwischen Heimatland und Einsatzland besteht (die Wichtigsten bestehen mit der VR China, Südkorea und Japan). In diesen Abkommen ist bei Entsendungen zumindest für eine (verlängerbare) Anfangsphase (von bis zu vier Jahren) ein Verbleib in der Sozialversicherung des Heimatlandes vorgesehen. Besteht kein Sozialversicherungsabkommen oder ist die Vier-Jahres-Frist abgelaufen oder liegt von vorneherein keine Anwendbarkeit des deutschen Sozialversicherungsrechts vor, besteht kein Anspruch gegen die deutschen Sozialkassen. In diesen Fällen kommt eine Kurzarbeit grundsätzlich nicht in Betracht, da die entsprechenden deutschen Vertragsklauseln grundsätzlich verlangen, dass auch ein sozialversicherungsrechtlicher Anspruch besteht (ansonsten kann der Arbeitgeber gar keine Kurzarbeit anordnen).

Im Falle der Anwendbarkeit eines ausländischen Systems sind die dortigen Leistungsvoraussetzungen zu prüfen. In vielen Ländern werden in Krisenzeiten Hilfsmaßnahmen zugunsten lokaler Arbeitnehmer beschlossen. Grundsätzlich ist bei solchen Hilfspaketen stets zu prüfen, ob ein Anspruch auch für entsandte Arbeitnehmer, die sich gar nicht mehr im Land befinden, besteht. Oft wird dies nicht der Fall sein, selbst bei Anwesenheit im Krisenstaat kommt es nicht selten zu Benachteiligungen ausländischer (Gast-)Arbeitnehmer.

7.4.2 Aufenthaltsgenehmigung und Arbeitserlaubnis

Im Rahmen des grenzüberschreitenden Mitarbeitereinsatzes sind langfristig ausgestellte Arbeitserlaubnisse und Aufenthaltsgenehmigungen von elementarer Bedeutung. Die Ausübung von Geschäftsaktivitäten im Ausland kann seitens entsandter Mitarbeiter ohne diese Dokumente nicht bzw. nicht effektiv ausgeführt werden. Im Rahmen der Corona-Pandemie wurden in zahlreichen Ländern aufgrund der dort seitens der Regierung verhängten Reise- und Arbeitsbeschränkungen keine neuen Aufenthaltsgenehmigungen (residence visa) und Arbeitserlaubnisse (work permits) ausgestellt. In Krisenzeiten ist insofern zu berücksichtigen, dass sich eine ggf. fällige und regelmäßige Verlängerung der entsprechenden Genehmigungen vor Ort schwierig gestalten kann, da auch eine zwischenzeitliche Ausreise (*visa run*) höchstwahrscheinlich nicht möglich sein wird.

Für diese Fälle haben die Regierungen teilweise Ausnahmeregelungen geschaffen. Es sind daher kaum Fälle bekannt, in denen das Einsatzland wegen eines krisenbedingten *overstay* dem betroffenen Mitarbeiter oder Unternehmen Probleme bereitet.

Wenn auch in Anbetracht der Ausnahmeregelungen für den Arbeitnehmer in Krisenzeiten bezüglich Aufenthalts- und Arbeitsgenehmigung keine Nachteile entstehen, ist der Arbeitgeber im Rahmen seiner Fürsorgepflicht gehalten, bspw. durch Einschaltung der Botschaft oder durch Vorlage entsprechender Dokumente, den Arbeitnehmer zu unterstützen und darauf hinzuwirken, dass unverzüglich nach einer Normalisierung der Lage für die Einhaltung aller lokalen Vorschriften Sorge getragen wird.

Hat sich der entsandte Mitarbeiter in Krisenzeiten entschieden, den Auslandsaufenthalt (vorübergehend) abzubrechen oder wurde dieser vom Arbeitgeber zurückbeordert, ist bei einem längeren Aufenthalt außerhalb des Ziellandes daran zu denken, dass zwischenzeitlich der Aufenthaltstitel und/oder die Arbeitserlaubnis ablaufen können. Eine Verlängerung dieser Genehmigung ist grundsätzlich nur lokal bei persönlicher Anwesenheit möglich. In anderen Fällen erlischt die Aufenthaltserlaubnis bei einer längeren Abwesenheit automatisch.

▶ Es empfiehlt sich insoweit frühzeitig, ggf. unter Inanspruchnahme fachlicher Beratung im Einsatzland, und Sorge für den Erhalt des Aufenthaltsstatus zu tragen.

Soweit privatrechtliche Versicherungen für den Aufenthalt im Ausland abgeschlossen wurden, sollte geprüft werden, ob bei einer planwidrigen längeren Abwesenheit Versicherungslücken entstehen. Soweit dies der Fall ist, sollte ein in der Regel problemlos zu erlangender ausreichender Deckungsschutz im Heimatland beschafft werden.

7.4.3 Meldepflichten

Sofern eine Krise und die dazu erlassenen Beschränkungen dazu führen, dass der entsandte Mitarbeiter sich im Heimatland aufhält (sei es ein längerer ungeplanter

Aufenthalt oder durch eine Rückholaktion des Arbeitgebers veranlasst), sind diesbezüglich die melderechtlichen Folgen zu berücksichtigen.

Insbesondere steuerlich liegt der Gestaltung der Entsendungsvereinbarung (einschließlich der Vergütungsregelung) vielfach ein komplizierter Berechnungsmodus zugrunde, der darauf beruht, dass der Arbeitnehmer nicht mehr in Deutschland ansässig ist. Ändert sich dies nunmehr, egal aus welchem Grund, besteht unter Umständen nicht nur eine Meldepflicht, sondern es entstehen vor allem auch steuerliche Verpflichtungen des Arbeitgebers sowohl im Heimatland als auch im Einsatzland. Hinzu kommt, dass durch eine Änderung der steuerlichen Situation das gesamte Gefüge der Berechnung der Vergütung im Ausland aus dem Gleichgewicht geraten kann. Ist dies der Fall, wird kaum ein Unternehmen ohne rechtliche Beratung im In- und Ausland auskommen können.

7.4.4 Steuerliche Auswirkungen

Zudem können Krisenzeiten bzw. damit verbundene veränderte Gegebenheiten des internationalen Mitarbeitereinsatzes zu Veränderungen in der Besteuerung für Arbeitgeber und Arbeitnehmer führen.

7.4.4.1 „Fehlgeschlagene" Entsendung von Mitarbeitern ins Ausland (sog. Outbound-Fälle)

Beispiel: Deutsche Arbeitnehmerin wird in Deutschland für emiratische Gesellschaft tätig

Eine Mitarbeiterin der deutschen D-GmbH (Wohnsitz in Deutschland) sollte für zwei Jahre zu einer emiratischen Tochtergesellschaft entsandt werden und würde ausschließlich in den Vereinigten Arabischen Emiraten (VAE) leben und arbeiten. Aufgrund der COVID-19-Pandemie ist sie für den Zeitraum der Entsendung allerdings nicht in die VAE verzogen, sondern wurde von Deutschland aus für die emiratische Gesellschaft tätig. Dafür mietete die emiratische Tochtergesellschaft Büroräume an. ◄

In solchen **Outbound-Fällen** könnte die im Heimatland verbleibende Arbeitnehmerin eine einheimische Betriebsstätte des ausländischen Unternehmens begründen. Hierfür bedarf es grundsätzlich einer festen Einrichtung, die der Tätigkeit des Unternehmens dient und die in nicht nur vorübergehender Verfügungsmacht des Unternehmens steht.

▶ Ist der am bisherigen Arbeitsort verbleibende Mitarbeiter berechtigt, für das ausländische Unternehmen bindende Verträge abzuschließen (sog. Zeichnungsbefugnis), die dieser regelmäßig ausübt, bedarf es typischerweise keiner festen Einrichtung für das Vorliegen einer sog. **Vertreterbetriebsstätte**.

Wird eine einheimische Betriebsstätte des ausländischen Unternehmens begründet, hat dies in steuerlicher Hinsicht weitreichende Folgen für Unternehmen und Arbeitnehmer.

7.4.4.1.1 Steuerliche Folgen für das Unternehmen (sog. Outbound-Fall)

Ausgehend von den nationalen Regelungen (bspw. Deutschland) wird ein ausländisches Unternehmen mit den zugehörigen Einkünften zumindest beschränkt steuerpflichtig. Ferner können entsprechende Doppelbesteuerungsabkommen (DBA) dem Heimatland das Besteuerungsrecht für die Einkünfte zuweisen, die der Betriebsstätte zuzuordnen sind.

Das vorgesehene ausländische Einsatzland kann entweder die Steuer des Heimatlandes anrechnen oder stellt die Gewinne der Betriebsstätte (unter Progressionsvorbehalt) steuerfrei. Ob sich dadurch Unterschiede in der Steuerbelastung für die Gesellschaft ergeben, hängt von den konkreten Steuersätzen in den beteiligten Ländern und der Methode zur Vermeidung der Doppelbesteuerung ab.

Zusätzlich kann sich für die ausländische Gesellschaft (in welche der Arbeitnehmer eigentlich entsandt werden sollte) die Pflicht zum Einbehalt der Lohnsteuer ergeben (sofern es dort diese Steuerart überhaupt gibt). Begründet ein ausländisches Unternehmen eine Betriebsstätte im Heimatland, ist ggf. Lohnsteuer einzubehalten und abzuführen.

7.4.4.1.2 Steuerliche Folgen für den Arbeitnehmer (sog. Outbound-Fall)

Sofern der Mitarbeiter nur einen Wohnsitz im Heimatland aufweist und dieser im Rahmen einer virtuellen Entsendung die Tätigkeit aus einem Arbeitsverhältnis (weiterhin) nur im Heimatland ausübt, besteht in der Regel eine unbeschränkte Steuerpflicht im Heimatland.

Eventuell kann im Einsatzland nach den nationalen Regelungen eine Steuerpflicht aufgrund eines Verwertungstatbestands entstehen, die allerdings regelmäßig durch ein DBA eingeschränkt wird. Es kommt somit in der Regel nicht zu einem

Doppelbesteuerungskonflikt. Im Fall einer tatsächlichen Entsendung hätte dagegen in vielen Fällen der ausländische Tätigkeitsstaat das Besteuerungsrecht.

7.4.4.2 „Fehlgeschlagener" Einsatz von ausländischen Mitarbeitern im Inland (sog. Inbound-Fälle)

Beispiel: Spanischer Mitarbeiter wird in Spanien für deutsche Gesellschaft tätig

Der in Spanien lebende und für die spanische Gesellschaft arbeitende Mitarbeiter soll im Rahmen einer Entsendung für zwei Jahre das Vertriebsnetzwerk der deutschen P-GmbH aufbauen und würde ausschließlich in Deutschland leben und arbeiten.

Eine Krisensituation zwingt den spanischen Mitarbeiter ins Homeoffice in Spanien. Für den Zeitraum der Entsendung ist der Mitarbeiter von Spanien aus für die deutsche Gesellschaft tätig. Für die Homeoffice-Tätigkeit des Mitarbeiters mietet die deutsche Tochtergesellschaft neue Büroräume an. ◄

In sog. **Inbound-Fällen** wird ein Arbeitnehmer, der bisher für ein ausländisches Unternehmen tätig war, von seinem bisherigen Arbeitsort aus für ein deutsches Unternehmen tätig. In diesem Fall wäre Deutschland das Einsatzland des entsandten Mitarbeiters. Steuerliche Konsequenzen ergeben sich zumeist genau umgekehrt zu den oben ausgeführten Outbound-Fällen.

7.4.4.2.1 Folgen für Arbeitgeber (sog. Inbound-Fall)

Lösung zum Beispiel

Es wird eine Betriebsstätte der deutschen Tochtergesellschaft in Spanien begründet. Insofern ist die deutsche Gesellschaft mit den auf die Betriebsstätte entfallenden Einkünften in Spanien grundsätzlich beschränkt steuerpflichtig. ◄

Auch in diesen Fällen kann der ausländische Mitarbeiter eine Betriebsstätte des deutschen Unternehmens im Ausland (Heimatland des Mitarbeiters) begründen. Hierzu ist das jeweilige nationale Recht und das einschlägige DBA samt der Methode zur Auflösung einer Doppelbesteuerung heranzuziehen.

Liegt eine Betriebsstätte vor, wird das deutsche Unternehmen mit den darauf entfallenden Einkünften im Ausland beschränkt steuerpflichtig. In den meisten deutschen DBA ist die Freistellungsmethode verankert, sodass es hinsichtlich der Einkünfte der Betriebsstätte bei der ausländischen Steuerbelastung verbleibt, wobei ggf. der Progressionsvorbehalt zu beachten ist. In einigen Fällen greift allerdings auch die Anrechnungsmethode, sodass die ausländische Steuer nach den anwendbaren Regelungen ganz oder zumindest teilweise angerechnet wird.

Zusätzlich ist zu prüfen, ob das (deutsche) Unternehmen für den im Ausland tätigen Mitarbeiter Lohnsteuer einbehalten und abführen muss.

7.4.4.2.2 Folgen für Arbeitnehmer – (sog. Inbound-Fall)

Für den Arbeitnehmer (dessen Heimatland im Ausland liegt und das Einsatzland Deutschland wäre) gelten die obigen Ausführungen grundsätzlich spiegelbildlich.

Der Arbeitnehmer, der seinen Wohnsitz im Heimatland, in dem er für ein deutsches Unternehmen tätig ist, unterhält, ist ausschließlich in seinem Heimatland unbeschränkt steuerpflichtig.

Nach rein nationalem Recht kann sich abhängig von der Tätigkeit eine beschränkte Steuerpflicht ergeben, wobei zumeist eine Einschränkung durch das jeweilige DBA erfolgt. Sollte es sich um keine virtuelle, sondern um eine tatsächliche Entsendung handeln, mit der Folge, dass der entsandte Mitarbeiter einen Wohnsitz im Einsatzland (Deutschland) aufweist, hätte vorbehaltlich einer Anwendung der 183-Tage-Regel Deutschland das Besteuerungsrecht.

Ihr Transfer in die Praxis

- Krisen jeglicher Art (politische Spannungen, Pandemien, Krieg) können bezüglich des internationalen Mitarbeitereinsatzes vielfältige Auswirkungen haben.
- Insofern ist nicht nur die arbeitsrechtliche Komponente ins Blickfeld zu nehmen.
- Sofern absehbar ist, dass entsandte Arbeitnehmer nicht mehr plangemäß im Einsatzgebiet tätig werden können, muss der Arbeitgeber im Rahmen seiner Fürsorgepflicht Alternativmodelle hinsichtlich der Arbeitsorganisation bereitstellen.
- Daher ist Arbeitgebern zur Vermeidung von Nachteilen, sowohl für den Entsandten als auch für ihr Auslandsgeschäft dringend anzuraten, die Problemstellungen zu analysieren und fachkundig zu regeln.
- Die Herausforderungen betreffen das Arbeits- und Sozialrecht ebenso wie das Aufenthalts-, Arbeitserlaubnis- und das Steuerrecht. *Global Mobility*-Verantwortliche stehen dabei vor neuen Herausforderungen, die sich grundlegend von den Standardthemen der Entsendung von Arbeitnehmern unterscheiden. Dies wird oft einhergehen mit einer grundlegenden strategischen Neubewertung des Auslandsengagements, das vielleicht künftig noch wichtiger als bisher zum Unternehmenserfolg beitragen kann. ◄

Literatur

Edenfeld, Die Fürsorgepflicht des Arbeitgebers bei Auslandseinsätzen, in: NZA 2009, 938 ff.

Falder/Frank-Fahle, Coronavirus-Epidemie – Rückholpflicht der Bundesregierung und deutscher Arbeitgeber?, in: BB 2020 (Heft 7), Umschlagteil, I.

Falder/Frank-Fahle, Entsandte Arbeitnehmer im Niemandsland – Die Corona-Krise und ihre Auswirkungen auf die Auslandstätigkeit (am Beispiel der Vereinigten Arabischen Emirate), in: COVuR 2020, 184 ff.

Gola, Die Entwicklung des Datenschutzrechts, in: NJW 2021, 2629 f.

Hidalgo/Ceelen, Home-Office im EU-Ausland – Relevanz des Sozialversicherungsrechts für Arbeitgeber, in: NZA 2021, 19 ff.

Hofmann/Rohrbach, Internationaler Mitarbeitereinsatz, 4. Aufl. 2016, Bonn.

Preis, Erfurter Kommentar zum Arbeitsrecht, 24. Auflage 2024, Rn. 161 ff.

Schlamp/Felisiak, Dienstreisen in Zeiten von Corona, in: SPA 2020, 185 ff.

Zimmermann/Wallimann, „Höhere Gewalt", COVID-19 und die Vertragsgestaltung, in: ZAP 2020, 625 ff.

Sonstige Aspekte

Was Sie aus diesem Kapitel mitnehmen
- Auf welche Kriterien entsandte Arbeitnehmer bei Patientenverfügungen achten sollten und wie diese im Ausland anerkannt werden
- Wie deutsches Erbrecht auch im ausländischen Tätigkeitsstaat Anwendung finden kann
- Welche Fürsorgepflichten des Arbeitgebers gegenüber mitreisenden Familienangehörigen entstehen

Neben den arbeitsrechtlich geprägten Aspekten muss der Arbeitnehmer und ggf. dessen Familie weitere Punkte berücksichtigen, die in Deutschland in der Regel unproblematisch sind, im Ausland jedoch nicht als selbstverständlich gelten. Insbesondere kann die Anerkennung von deutschen Dokumenten Probleme hervorrufen. So müssen nicht nur deutsche Papiere und Dokumente für das Ausland zertifiziert werden (in der Regel ist eine Vorbeglaubigung durch die ausstellende Behörde und das Bundesamt für Auswärtige Angelegenheiten notwendig, ehe die jeweilige Botschaft die Dokumente abschließend beglaubigt), sondern müssen auch Fragen hinsichtlich der Anerkennung und Durchsetzung in Deutschland verfasster bzw. ausgestellter Dokumente im Vorfeld beantwortet werden. Gerade in Deutschland verfasste Verfügungen (bspw. Patientenverfügung, Verfügungen von Todes wegen), werden oftmals im Ausland nicht anerkannt oder können rechtlich nicht durchgesetzt werden, was den Arbeitnehmer oder dessen Familie vor Probleme stellen kann.

8.1 Patientenverfügungen

Im Vorfeld des Mitarbeitereinsatzes ist zu klären, ob bspw. eine nach deutschen Standards verfasste Patientenverfügung im Ausland anerkannt wird und durchgesetzt werden kann. Es ist nämlich nicht unwahrscheinlich, dass eine in Deutschland erstellte Patientenverfügung grundsätzlich nur für Deutschland gilt und im Tätigkeitsland keine rechtliche Verbindlichkeit besitzt. Grund hierfür ist, dass Patientenverfügungen regelmäßig auf nationalen und nicht auf internationalen Gesetzen basieren. Mithin sind die in der Verfügung getroffenen Entscheidungen bei entsprechender notarieller Beglaubigung zwar für die behandelnden Ärzte in Deutschland verpflichtend, jedoch muss für das Ausland nicht zwangsläufig dieselbe Verpflichtung von diesen ausgehen. Dabei spielt es keine Rolle, ob es sich um EU- oder Nicht-EU-Ausland handelt.

Es empfiehlt sich daher, sich bereits im Vorfeld über die **formellen und materiellen Voraussetzungen** an eine Patientenverfügung nach dem Recht des Landes zu informieren, in welchem der Mitarbeiter eingesetzt wird. Oftmals bestehen im Tätigkeitsland erleichterte bzw. erschwerte Anforderungen an die Patientenverfügung, sofern es diese Möglichkeit überhaupt gibt. Andernfalls müssen sich entsandte Mitarbeiter darauf einstellen, dass ihren Behandlungswünschen nicht oder nicht in dem Umfang entsprochen wird, wie sie sich dies möglicherweise wünschen würden, es sei denn, es gibt Möglichkeiten, die dem Zweck der Patientenverfügung entsprechen.

> **Beispiel: Patientenverfügungen in ausgewählten europäischen Rechtsordnungen**
>
> Die spanische Patientenverfügung muss entweder zusätzlich von drei Zeugen unterschrieben oder durch einen Notar beglaubigt werden. Dem italienischen Recht ist eine rechtlich bindende Patientenverfügung gänzlich unbekannt. Allerdings kann der Zweck der Patientenverfügung anderweitig erreicht werden. So kann die deutsche Patientenverfügung im Falle der Geschäftsunfähigkeit durch einen gesetzlichen Vertreter durchgesetzt werden. Nach Italien entsandte Mitarbeiter sollten sich hierzu unbedingt anwaltlich oder notariell beraten lassen. ◄

Findet der Auslandseinsatz in mehreren Ländern gleichzeitig statt, sind ggf. mehrere Patientenverfügungen, die den jeweiligen nationalen Vorschriften entsprechen, zu erstellen und bei einem Rechtsanwalt zu hinterlegen.

▶ Sollte seitens des entsandten Mitarbeiters keine formelle Patientenverfügung erstellt worden sein und auch keine vorherige Prüfung der Rechtslage bei einem Auslandseinsatz vorgenommen worden sein, steht zu befürchten, dass die Durchsetzung des eigentlichen Willens des Patienten nicht oder nur unter erheblicher Zeitverzögerung erfolgen kann.

Nicht nur vor diesem Hintergrund ist das Aufsetzen einer Patientenverfügung mitunter sinnvoll. Auf diese Weise kann der ausländische Arzt zumindest vom Patientenwillen Kenntnis erlangen und prüfen, ob die in der Patientenverfügung getroffenen Regelungen mit der jeweiligen nationalen Gesetzgebung vereinbar sind. Idealerweise ist die Patientenverfügung auf Englisch verfasst bzw. in die jeweilige Landessprache (beglaubigt) übersetzt worden. Insbesondere ist im Rahmen der Erstellung darauf zu achten, dass die Patientenverfügung dem Bestimmtheitsgrundsatz genügt (BGH vom 06.07.2016 – XII ZB 61/16).

Schließlich müssen sich Personen, die ins Ausland entsandt sind, darüber im Klaren sein, dass auch andere Faktoren als ethische Gesichtspunkte bei medizinischen Entscheidungen eine Rolle spielen können. Gerade in ärmeren Ländern entspricht es durchaus dem Standard, entgegen der Patientenverfügung am Leben erhalten zu werden, um weitere Geldleistungen seitens der Krankenversicherung des Patienten zu erhalten.

Weiterführende Fragen im medizinischen Kontext

Über die Fragen um Patientenverfügungen hinaus sollten sich der entsandte Mitarbeiter und dessen Familie bei einem längeren Auslandsaufenthalt mit folgenden weiteren Fragen der medizinischen Betreuung beschäftigen:

- Ist die Erstellung einer zusätzlichen Betreuungsverfügung möglich?
- Kann zusätzlich eine Vorsorgevollmacht aufgesetzt werden?
- Sind die entsprechenden Verfügungen rechtlich bindend und wie können diese rechtliche Verbindlichkeit (bspw. durch offizielle Registrierung) erlangen?
- Welche Ämter sind für die Bestellung eines amtlichen Betreuers zuständig? Gibt es Beschränkungen oder Kontrollen für solch einen Betreuer? Kann die Bestellung eines amtlichen Betreuers ggf. durch amtliche Maßnahmen verhindert werden?
- Wird neben einer guten Auslandskrankenversicherung auch eine Rechtsschutzversicherung benötigt?
- Beinhaltet die Auslandskrankenversicherung ggf. auch den Rücktransport des Patienten ins Herkunftsland, nicht nur unter medizinischen Gesichtspunkten, sondern auch auf Wunsch des Patienten?

8.2 Erbrechtliche Aspekte – Testament

Eine entsprechend gezielte Vorbereitung ist auch im Hinblick auf die Wirksamkeit von deutschen Testamenten bzw. der Anwendbarkeit des deutschen Erbrechts geboten. In diesem Zusammenhang spielt die Anerkennung der deutschen Verfügungen von Todes wegen im Ausland eine bedeutende Rolle. Die EU-Erbrechtsverordnung (EU-ErbVO, Verordnung [EU] Nr. 650/2012) regelt im Wesentlichen, dass das Erbrecht des Staats angewandt werden soll, in dem der Erblasser seinen letzten gewöhnlichen Aufenthalt hatte (Art. 21 Abs. 1 EU-ErbVO).

Es besteht jedoch auch die Möglichkeit, eine Rechtswahl zugunsten des Staates zu treffen, dessen Staatsangehörigkeit der Erblasser besitzt (Staatsangehörigkeit – Art. 22 Abs. 1 EU-ErbVO). Vor dem Hintergrund der verschiedenen Implikationen des jeweils gültigen nationalen Erbrechts kann das ausländische Recht im Hinblick auf den Erbfall ggf. günstigere Konditionen haben. Auch hier ist eine einzelfallbezogene Prüfung im Vorfeld der Entsendung notwendig. Eine Rechtswahl ist nur dann sinnvoll, wenn absehbar ist, dass der Wohnsitz bzw. der tatsächliche Aufenthalt sich langfristig, d. h. möglicherweise auch über den Zeitraum der Entsendung hinaus, in dem jeweiligen Ausland befindet. Ist beabsichtigt, dass deutsches Erbrecht Anwendung findet, sollte in Form eines Testaments bestimmt werden, dass auf den Nachlass das Recht der Staatsangehörigkeit Anwendung finden soll. Die EU-ErbVO sieht diesbezüglich keine Regelung vor.

Die vorstehenden Erwägungen gelten jedoch nur für den europäischen Raum (EU-ErbVO). Wird der Mitarbeiter in eine Jurisdiktion entsandt, die außerhalb des Anwendungsbereichs der EU-ErbVO liegt, bedarf es einer einzelfallbezogenen Überprüfung der Rechtslage, ob und unter welchen Voraussetzungen das lokale Erbrecht außer Kraft gesetzt werden kann.

▶ Mit Blick auf Auslandseinsätze in Staaten, in denen z. B. Scharia-Erbrecht (z. B. Saudi-Arabien) auch auf nichtmuslimische Erblasser Anwendung findet, ist insbesondere zu prüfen, welche Maßnahmen getroffen werden können, um die überlebenden weiblichen Familienmitglieder, insbesondere die Ehefrau, zu schützen. Denn die erbrechtliche Behandlung überlebender Frauen bzw. die gesetzliche Absicherung der Abkömmlinge verstorbener Väter widerspricht den westlichen Wertvorstellungen und der gesetzlichen Erbfolge der Rechtsordnungen der meisten westlichen Staaten.

8.3 Mitreisende Familienangehörige

In vielen Fällen der Auslandsentsendung haben der Arbeitnehmer und seine Familienangehörigen den Wunsch, die zum Teil erhebliche Zeit des Auslandseinsatzes gemeinsam im Ausland zu verbringen. Dies wirft eine Reihe von Fragen auf, wie bspw. die der angemessenen Unterkunft, Transportmöglichkeiten vor Ort, Schule, Kindergarten, An- und Abreise sowie Heimreisen, versicherungsrechtliche Absicherung und ggf. auch Arbeitssuche eines Angehörigen.

Das entsendende Unternehmen wird, wenn es den Mitarbeiter für die Tätigkeit im Ausland braucht, diesen Wünschen in aller Regel entgegenkommen. So finden sich in vielen Entsendevereinbarungen Regelungen, die Familienangehörige betreffen. Damit stellt sich aber auch die Frage nach der Rechtsqualität solcher vertraglichen Abreden.

Insoweit ist voranzuschicken, dass es sich um eine vertragsrechtliche Thematik handelt; eine Verpflichtung des Arbeitgebers, Familienangehörige zu berücksichtigen, besteht nicht per se. Man denke auch an den Fall, dass der zunächst allein reisende Mitarbeiter erst im Laufe der Entsendung einen Partner findet und eine Familie gründet. Hier wird sich nur selten ein Ansatz im ursprünglichen Vertragswerk finden lassen; wie daheim ist die private Lebensführung grundsätzlich Privatangelegenheit und nicht Sache des Arbeitgebers.

Enthält die Entsendevereinbarung Leistungen für Familienangehörige, stellen sich Fragen hinsichtlich des Einbezugs dieser Personen in den Schutzbereich des Anstellungsvertrages und der Reichweite solcher Verpflichtungen. Zweifelsfrei wird ein in einer Entsendevereinbarung erwähnter Familienangehöriger nicht zu einer Vertragspartei. In Betracht kommt aber, die Grundsätze des **Vertrages mit Schutzwirkung zugunsten Dritter** heranzuziehen.

Hintergrundinformationen
Diese im Wesentlichen von der Rechtsprechung entwickelte Rechtsfigur des **Vertrages mit Schutzwirkungen zugunsten Dritter** wurde vom Bundesgerichtshof in einer Grundsatzentscheidung wie folgt charakterisiert:

a) Bei einem Vertrag mit Schutzwirkung für Dritte steht die geschuldete (Haupt-)Leistung zwar allein dem Gläubiger zu, der Dritte ist jedoch in der Weise in die vertraglichen Sorgfalts- und Obhutspflichten einbezogen, dass er bei deren Verletzung vertragliche Schadenersatzansprüche geltend machen kann. Die Herausbildung des Vertrages mit Schutzwirkung für Dritte in der Rechtsprechung des Reichsgerichts und des Bundesgerichtshofs beruht auf ergänzender Vertragsauslegung (RGZ 127, 218, 221 f.; BGHZ 56, 269, 273) und knüpft damit an den hypothetischen Willen der Parteien an. Dieser ist gemäß § 157 BGB unter Berücksichtigung von Treu und Glauben zu erforschen. Die Entwicklung dieses Rechtsinstituts ist dem Umstand geschuldet, dass die Erfüllung vertraglicher Leistungspflichten zu einem gesteigerten sozialen Kontakt der Vertragsparteien und dementsprechend zu einer größeren Einwirkungsmöglichkeit auf die Rechtsgüter des Vertragspartners und eines ggf. mit diesem verbundenen Dritten führt. Mit Blick auf das deutsche Deliktsrecht ist der geschädigte Dritte – insbesondere wegen der Exkulpationsregelung im Rahmen der Gehilfenhaftung nach § 831 Abs. 1 S. 2 BGB und des Fehlens eines umfassenden Vermögensschutzes – nicht immer zureichend abgesichert.

Vor diesem Hintergrund kann es geboten sein, dem Dritten auch eine vertragliche Anspruchsgrundlage zuzubilligen, die ihm die Kompensation des in Ausführung des Vertragsverhältnisses bei ihm eingetretenen Schadens ermöglicht. Damit ist zwangsläufig eine Ausweitung des Haftungsrisikos des Schuldners verbunden, der außer für Schäden seines Vertragspartners auch für Schäden des in den Schutzbereich des Vertrages einbezogenen Dritten haftet. Um diese Haftung für den Schuldner nicht unkalkulierbar auszudehnen, sind an die Einbeziehung von Dritten in den vertraglichen Schutz strenge Anforderungen zu stellen (BGH, Urteil vom 03.11.1961 – VI ZR 254/60; BGH, Urteil vom 18.06.1968 – VI ZR 120/67).

b) Der hypothetische Wille der Vertragsparteien, einen Dritten in den Schutzbereich der zwischen ihnen geschlossenen Vereinbarung einzubeziehen, ist aufgrund einer sorgfältigen Abwägung ihrer schutzwürdigen Interessen und derer des Dritten zu ermitteln. Die dabei im Einzelnen zu beachtenden Abwägungskriterien ergeben sich aus der höchstrichterlichen Rechtsprechung zum Vertrag mit Schutzwirkung für Dritte (zusammenfassend und mit einem Überblick über die Rechtsprechungsentwicklung siehe BGHZ 181, 12; BGHZ 133, 168, 170 ff.). Deren Ausgangspunkt sind Fallgestaltungen, in denen das „Wohl und Wehe" eines Dritten einem der beiden Vertragspartner anvertraut ist (RGZ 91, 21, 24; 102, 231, 232).

Die Rechtsprechung wendet diese Rechtsfigur überwiegend bei Personenschäden an und bezieht Dritte in den Schutzbereich eines Vertrages dann ein, wenn sich die vertraglichen Schutzpflichten des Schuldners nach Inhalt und Zweck des Vertrages nicht nur auf seinen Vertragspartner beschränken, sondern – für den Schuldner erkennbar – auch solche Dritte einschließen, denen der Gläubiger aufgrund einer Rechtsbeziehung mit personenrechtlichem Einschlag seinerseits Schutz und Fürsorge schuldet. Dies wird bei familien-, miet-, dienst- oder arbeitsvertraglichen Verhältnissen angenommen (ständige Rechtsprechung, siehe nur RGZ 91, 21, 24; 102, 231, 232; 127, 218, 223; BGHZ 159, 1, 8).

Im Laufe der Zeit wurde die Schutzwirkung auch auf Vermögensschäden Dritter ausgedehnt, wenn der Gläubiger am Schutz des Dritten ein besonderes Interesse hat. Zudem müssen Inhalt und Zweck des Vertrages erkennen lassen, dass diesem Schutzinteresse Rechnung getragen werden soll, und die Parteien zugunsten des Dritten eine Schutzpflicht begründen wollen. Allerdings beschränkt sich in diesen Fällen der Kreis der Einbezogenen auf solche Dritte, in deren Interesse die Leistung des Schuldners nach der ausdrücklichen oder stillschweigenden Vereinbarung der Parteien zumindest auch erbracht werden soll. Tragender Gesichtspunkt für diese Beschränkung des Kreises der einbezogenen Dritten ist, das Haftungsrisiko für den Schuldner berechenbar zu halten. Er soll für Schäden Dritter nicht einstehen müssen, wenn ihm nach Treu und Glauben und unter Berücksichtigung des Vertragszwecks nicht zugemutet werden kann, sich ohne zusätzliche Vergütung auf das Risiko einer erweiterten Haftung einzulassen.

8.3 Mitreisende Familienangehörige

c) Ausgehend von diesen Grundsätzen unterliegt die Einbeziehung eines Dritten in den Schutzbereich des Vertrages folgenden Voraussetzungen:
- Der Dritte muss bestimmungsgemäß mit der (Haupt-)Leistung in Berührung kommen und den Gefahren von Schutzpflichtverletzungen ebenso ausgesetzt sein wie der Gläubiger (Leistungsnähe).
- Der Gläubiger muss ein Interesse an der Einbeziehung des Dritten in den Schutzbereich des Vertrages haben (Einbeziehungsinteresse).
- Für den Schuldner muss die Leistungsnähe des Dritten und dessen Einbeziehung in den Schutzbereich des Vertrages erkennbar und zumutbar sein (Erkennbarkeit und Zumutbarkeit).
- Für die Ausdehnung des Vertragsschutzes muss nach Treu und Glauben ein Bedürfnis bestehen, weil der Dritte anderenfalls nicht ausreichend geschützt wäre (Schutzbedürfnis).

Ausgehend von diesen Grundprinzipien liegt es nicht fern, in Entsendevereinbarungen benannte Familienangehörige als geschützte Personen im Sinne der Rechtsprechung anzusehen.

Dies bedeutet zum einen, dass den betreffenden Familienangehörigen unter Umständen auch direkte Leistungsansprüche (wie in dem Vertrag geregelt) gegen den Arbeitgeber zustehen können. Dies kann insbesondere dann relevant werden, wenn der Arbeitnehmer selbst nicht (mehr) in der Lage ist, die Ansprüche im eigenen Namen geltend zu machen oder er hierzu nicht willens ist.

Darüber hinaus erweitert sich ggf. der Schutzbereich des Vertrages nicht unerheblich. Gerade in der Corona-Pandemie sind zahlreiche Situationen entstanden, die insbesondere Familienangehörige betreffen. So mag (nur) der Partner die Anstellung verloren haben, die Betreuungseinrichtungen für Kinder geschlossen worden sein und so (ggf. auch nur bei den Familienangehörigen) der Wunsch nach einer Rückkehr bestehen. Welche Auswirkungen ergeben sich auf den Vertrag, kann der Mitarbeiter ebenfalls – argumentierend mit dem Schutz der Familie – eine Rückkehr verlangen? Besteht ein Anspruch auf Hilfe bei einer erneuten Jobsuche oder der Beschaffung (privater) Betreuungsmöglichkeiten? Wie steht es um Haftungsansprüche bei Infektionen von Angehörigen durch Kontakt zu Betriebsangehörigen im Ausland (die in der Regel deutlich enger sind als in Deutschland (sog. Expatriate communities))?

In der Praxis enthalten einige Entsenderichtlinien Regelungen zu mitreisenden Familienangehörigen. In anderen Fällen wird pragmatisch gehandelt. In jedem Fall empfiehlt sich bereits im Stadium der Vertragsgestaltung über die versicherungsrechtliche Absicherung der Hauptrisiken auch für Familienangehörige nachzudenken.

In jedem Fall wird es dem Erfolg der Entsendung nicht zuträglich sein, den entsandten Mitarbeiter in schwierigen Situationen allein zu lassen und ihm keine Hilfe anzubieten, selbst wenn rechtlich keine Verpflichtung des Arbeitgebers besteht.

Ihr Transfer in die Praxis

- Prüfen Sie vor Antritt des Auslandsaufenthaltes, ob rechtliche Verfügungen, die im Ursprungsland getroffen werden, auch im Zielland anerkannt und ggf. rechtlich durchgesetzt werden können.
- Oftmals bedürfen die Dokumente lediglich einer Übersetzung.
- Sofern Familienangehörige mit dem Mitarbeiter reisen, muss geklärt werden, ob diese in den Schutzbereich der Entsendevereinbarung fallen. Nötigenfalls können diese über den Vertrag mit Schutzwirkung zugunsten Dritter in die Entsendevereinbarung einbezogen werden. ◀

8.4 Fazit und Ausblick

Die Vielzahl der Gesichtspunkte, die zu beachten sind, wenn ein Mitarbeiter auf Veranlassung des Arbeitgebers seinen Tätigkeitsort über die Landesgrenzen hinweg wechselt, erfordern eine enge Koordination und zentrale Abwicklung einer Entsendung. Ungereimtheiten und Unzufriedenheit auf Arbeitgeber- oder Arbeitnehmerseite lassen sich nur vermeiden, wenn die Steuer-, Rechts- und Personalabteilungen auf einen standardisierten Prozess zur Abwicklung von Auslandseinsätzen zurückgreifen können. Ein wachsender Kreis von Unternehmen trägt diesen Herausforderungen u. a. mit Entsenderichtlinien Rechnung.

Die vorstehenden Ausführungen zeigen aber auch, dass es bei Entsendungen kein „One size fits all" gibt. Zu unterschiedlich sind die Interessen der Beteiligten, die (vertragliche) Ausgangssituation und die anwendbaren Rechtsvorschriften, die sich noch dazu nicht nur in Krisenzeiten ständig ändern und von Land zu Land verschieden, mitunter sogar widersprüchlich sind. Ein professionelles Vertragsmanagement erfordert daher vor allem die Koordination vieler Stakeholder und Berater, da kaum jemand in der Lage sein wird, alle Problembereiche selbst zu überblicken, geschweige denn zu lösen. Hinzu kommt die besondere Herausforderung, Entsandte laufend von der Vorbereitung über die Durchführung bis zur Nachbereitung der Entsendung zu beraten und zu schulen.

Angesichts der anhaltenden Globalisierung von Wirtschaftsbeziehungen wird es ungeachtet politischer Erwägungen (z. B. zu Verlagerungen von Lieferketten) dabei bleiben, dass Entsendungen eine wichtige, wenn nicht sogar künftig noch wichtigere Rolle bei der Verflechtung der deutschen Wirtschaft mit der Weltwirtschaft spielen werden.

Literatur

Frank-Fahle, Internationaler Mitarbeitereinsatz: Fürsorgepflichten des Arbeitgebers (Teil 2), in: PIStB 2018, S. 140 ff.
Jülicher, Handlungsbedarf aufgrund der neuen EU-Erbrechtsverordnung in der Praxis, in: PIStB 2014, S. 167 ff.

SPRINGER NATURE

GPSR Compliance

The European Union's (EU) General Product Safety Regulation (GPSR) is a set of rules that requires consumer products to be safe and our obligations to ensure this.

If you have any concerns about our products, you can contact us on ProductSafety@springernature.com

In case Publisher is established outside the EU, the EU authorized representative is:

Springer Nature Customer Service Center GmbH
Europaplatz 3
69115 Heidelberg, Germany

The manufacturer's authorised representative in the EU is Springer Nature Customer Service Centre GmbH, Europaplatz 3, 69115 Heidelberg, Germany. If you have any concerns regarding our products, please contact ProductSafety@springernature.com

Printed and bound by CPI Group (UK) Ltd, Croydon, CR0 4YY
24/03/2026
02077755-0004